suhrkamp taschenbuch
wissenschaft 162

KW-414-931

Herrn Dr. Loughridge

Mit herzlichem Dank
und besten Wünschen

Elisabeth Koch

2.7.1980   Peter L. W. Koch

Roman Jakobson, 1896 geboren, hervorragender Vertreter des Russischen Formalismus, Mitbegründer des *Cercle linguistique de Prague,* »Mentor and elder statesman« *(Times Literary Supplement)* des französischen Strukturalismus, ist Professor an der Harvard University und am M. I. T. 1969 erschien in der *edition suhrkamp* sein Buch *Kindersprache, Aphasie und allgemeine Lautgesetze.* Elmar Holenstein, Schüler Jakobsons, veröffentlichte 1975 in den *suhrkamp taschenbüchern wissenschaft* eine grundlegende Arbeit über *Roman Jakobsons phänomenologischen Strukturalismus.*

Seit 1916 hat Jakobson eine Vielzahl von Gedichten in nicht weniger als zwanzig Sprachen analysiert. Der vorliegende Band enthält die Analysen von drei deutschsprachigen Gedichten, die in der letzten Zeit – im Abstand von jeweils fünf Jahren – entstanden sind. Die Brecht-Analyse ist die älteste (1965), seinem Freund und Kollegen, dem Ostberliner Linguisten W. Steinitz gewidmet. Die Interpretation von Paul Klees wenig bekanntem Achtzeiler (1970) erscheint zum ersten Mal in deutscher Übersetzung. Die Exegese (zusammen mit Grete Lübbe-Grothues) von Hölderlins (vermutlich) letztem Gedicht »Die Aussicht« ist eine Erstveröffentlichung. Sie ist Jakobsons jüngste und – nach der Analyse (zusammen mit Claude Lévi-Strauss) von Baudelaires »Les chats« – wohl auch (für seine Gesinnungsgenossen) faszinierendste und (für seine Opponenten) provozierendste Gedichtinterpretation. Sie verspricht der Hölderlin-Bewegung der letzten Jahre, der es keineswegs an Sensationen mangelt, eine neue Sensation.

Roman Jakobson
Hölderlin · Klee · Brecht

Zur Wortkunst dreier Gedichte

Eingeleitet und herausgegeben
von Elmar Holenstein

Suhrkamp

Die Übersetzung des Aufsatzes *Der Maler Paul Klee als Dichter*
stammt von Grete Lübbe-Grothues.
Das Gedicht von Paul Klee »Zwei Berge gibt es« ist dem Band entnommen:
Paul Klee, *Gedichte*, hrsg. von Felix Klee.
© 1960 by Verlags AG »Die Arche«, Peter Schifferli, Zürich.
Die Faksimile-Wiedergabe des Kleegedichts erfolgt mit freundlicher Genehmigung
der Verlags AG »Die Arche«, Peter Schifferli, Zürich. Die Faksimile-Wiedergabe
des Brechtgedichts »Wir sind sie« erfolgt mit freundlicher Genehmigung des Bertolt
Brecht-Archivs und der Akademie der Künste der DDR.

suhrkamp taschenbuch wissenschaft 162
Erste Auflage 1976
© Roman Jakobson
Suhrkamp Taschenbuch Verlag
Alle Rechte vorbehalten, insbesondere das des
öffentlichen Vortrags, der Übertragung
durch Rundfunk oder Fernsehen und der
Übersetzung, auch einzelner Teile.
Druck: Nomos, Baden-Baden.
Printed in Germany.
Umschlag nach Entwürfen von
Willy Fleckhaus und Rolf Staudt.

Inhalt

Elmar Holenstein
Einführung: Linguistische Poetik

Der Maler Dégas hielt sich darüber auf, wie viel Mühe ihm das Dichten bereite, obschon er »voll Ideen« sei. »Verse macht man nicht mit Ideen, mein lieber Dégas«, soll ihm Mallarmé geantwortet haben, »sondern mit Worten«. Man kann sich keine treffendere Bestätigung der Poesie-Konzeption, wie sie vom Russischen Formalismus und nach ihm vom Prager Strukturalismus vertreten worden ist, denken als diese Deklaration Mallarmés[1]. *Slovo a slovesnost* hieß das Bulletin des *Cercle linguistique de Prague.* Die Verwendung des russischen Terms für Literatur, *slovesnost,* eines Abstractivums mit dem Stamm *slovo* (›Wort‹), zusammen mit eben diesem Stammwort *slovo,* sollte die wurzelhafte Verbindung zwischen Sprache, als deren synekdochische Bezeichnung *slovo* verstanden wurde, und Poesie/Literatur und, daraus folgend, zwischen Linguistik und Poetik/Literaturwissenschaft zum Bewußtsein bringen. ›Wort und Wortkunst‹ lautet denn auch Roman Jakobsons deskriptive Wiedergabe des auf seinen Vorschlag zurückgehenden Titels des Prager Bulletins. Mit auffallender, ja anstoßender Insistenz verwendet er den gleichen Ausdruck ›Wortkunst‹ in zahlreichen Überschriften zu seinen Gedichtanalysen. Die englische und die französische Version, *verbal art/art verbal,* beginnen bereits, sich als Jakobsonsche Neologismen auch bei anderen Literaturwissenschaftlern durchzusetzen.

›Wortkunst‹ ist ein Programm. Jakobson nimmt die Sprache des Dichters ernst. Er nimmt ihn beim Wort. Sein Zugang zur Poesie ist der Zugang des Sprachwissenschaftlers. Es sind hauptsächlich fünf Prinzipien, auf denen die linguistische Konzeption der Poesie basiert.

Grundlegend für den dichterischen Umgang mit der Sprache ist »die Einstellung auf den Ausdruck«. Dies ist das erste, *das phänomenologische Prinzip,* sofern man unter Phänomenologie die Untersuchung eines Gegenstandes versteht, nicht wie er (vermeintlich) ›an sich‹ ist, sondern wie er in Rücksicht auf die Apperzeptionsweise des erfahrenden oder beobachtenden Subjekts erscheint. Der gewöhnliche Gebrauch der Sprache als Mittel der Darstellung, der Kundgabe von Erlebnissen, der Appellation an einen Partner usw., ordnet sich dabei dem Eigenwert und der Eigenmächtigkeit des sprachlichen Mediums als solchen unter. Das sprachliche Medium zieht bei seiner dichterischen Gestaltung die Aufmerksamkeit von den Gegenständen, über die gesprochen wird, und von den Gefühlen und Wünschen, die zum Ausdruck gebracht werden, weg auf sich selbst. Sogar Äußerungen, die vordergründig für pure Propaganda und Information gehalten werden, machen sich bei einer poetischen Fassung selbständig, etwa das lautmalerische *I like Ike* von Eisenhowers Wahlkampagnen oder die simple, jambisch abgefaßte Wirtshausmitteilung »In diesem Teil wird nicht serviert«. Formulierungen dieser Art, Zeugen eines subliminalen poetischen Sprachvermögens, finden Anklang im Gedächtnis und überleben, auch wenn sie schon längstens gegenstandslos geworden sind.

In den Anfangszeiten des Russischen Formalismus wurde in Reaktion auf den ›Objektfetischismus‹ der realistischen Literatur der Gegenstandsbezug von poetischen Texten gänzlich zugunsten der ausschließlichen Ausrichtung auf den Ausdruck in Abrede gestellt. Es ist hier klar zwischen Wahrheitsgehalt (dem Bezug auf eine reale Welt, wo immer und wie immer – empiristisch oder surrealistisch – diese anzusetzen ist) und Sinngehalt zu unterscheiden. Nur der zweite ist dem sprachlichen Zeichen immanent und wesentlich. Nur von ihm ist daher zu erwarten, daß er in der Poesie einen zum Ganzen gehörenden Part spielt. Nicht die Sinnaufhebung, sondern nur die Sinnverfremdung war der Zweck und auch der Effekt der von den Futuristen praktizierten Deformation des sprachlichen Mediums. Später wurde freilich auch die polemisch einseitige These vom fehlenden Gegenstandsbezug relativiert. Die Einstellung auf das sprachliche Medium als solches macht dessen Gegenstandsbezug nicht zunichte, sondern mehrdeutig. Die lautlichen und grammatischen Ähnlichkeits- und Kontrastbeziehungen, die ein Gedicht zu einer Einheit verklammern, ziehen auf der semantischen Ebene Sinnverlagerungen und Sinnüberlagerungen nach sich. Die Mehrdeutigkeit oder Überdetermination ist eine unaufhaltsame Folge der in sich selbst zentrierten sprachlichen Botschaft.

Die Einstellung auf den Ausdruck ist beim Rezipienten die Wirkung der ungewöhnlichen Organisation der sprachlichen Äußerung. Beim Dichter ist das Verhältnis umgekehrt. Die

Erwartung, die er an die Sprache heranträgt, verwandelt ihm diese zuerst subjektiv und dann auch objektiv. Die wichtigste Transformation besteht in der Projektion des Ähnlichkeitsprinzips, das für die paradigmatische Achse der Sprache konstitutiv ist, auf die syntagmatische Achse, für die in der gewöhnlichen Rede das Kontiguitätsprinzip charakteristisch ist. Der Satz von der Projektion des Äquivalenzprinzips auf die syntagmatische Achse kann mit gutem Recht als *das strukturalistische Prinzip* der Dichtkunst bezeichnet werden. Es rekurriert auf eine der zentralsten Thesen der strukturalen Linguistik.

Wenn wir sprechen, vollziehen wir zwei Handlungen. Wir wählen sprachliche Einheiten aus einem Arsenal gleichwertiger Einheiten aus und kombinieren sie zu sinnvollen Aussagen. In der Frage ›Wer ist weise genug, dies zu fassen?‹ könnten wir, ohne den Sinn des Satzes zu ändern, *verständig* statt *weise* und *einsehen* statt *fassen* wählen. Die wechselseitig austauschbaren Ausdrücke bilden paradigmatische Familien, die aufeinanderfolgenden Redeteile *Wer – ist – weise – usw.* eine syntagmatische Kette. Der Dichter projiziert die Ähnlichkeitsgruppen der paradigmatischen Achse auf die syntagmatische Achse. Das Ergebnis ist beim angeführten Beispielsmaterial die einfachste Form des Parallelismus, ein synonymer Parallelismus.

> Wer ist *weise* genug, dies zu *fassen?*
> *Verständig* genug, dies *einzusehen?* (Hosea, 14.10)

Häufig ist die Ähnlichkeit auf die grammatische Struktur beschränkt. Ein syntaktischer Parallelismus wirkt besonders prägnant, wenn die parallelen Wortkategorien dem Sinn nach nicht nur verschieden, sondern einander konträr oder kontradiktorisch entgegengesetzt sind.

> *Licht* wird alles, was ich *fasse,*
> *Kohle* alles, was ich *lasse.* (Nietzsche, »Ecco homo«)

Nietzsches Parallelismus ist zugleich ein Beispiel dafür, wie das dichterische Verfahren des syntaktischen Parallelismus, verstärkt durch den antonymischen Gegensatz zwischen den beiden Verben *fassen* und *lassen,* eine Sinnverlagerung in den einander entsprechenden Hauptwörtern insinuiert. Das metonymische Verhältnis von Zweck und Mittel bzw. von Ziel-

und Abfallprodukt, das zwischen Licht und Kohle besteht, wird antonymisch transformiert. *Kohle* wird in Nietzsches Zeilen zum dunklen, schweren, kalten, irdischen Element, das in einem polarer Gegensatz zum hellen, leichten, warmen, himmlischen *Licht* steht. Ist die Verschiedenheit zweier paralleler Ausdrücke eher positiver Natur, kommt es statt zu einer antonymischen zu einer metaphorischen Überlagerung der metonymischen Beziehung.

> Holt dein *Blick* mich noch ein,
> Holt dein *Glück* mich noch ein. (Nietzsche, »Die Sonne sinkt«)

Jeder sprachliche Kontext hat eine sinndeterminierende oder gar sinnmodifizierende Wirkung. Der Dichter macht sich diese Wirkung mit Absicht und mit Plan zunutze.

Synonymer und antithetischer Parallelismus – die Terminologie stammt vom englischen Bibelwissenschaftler des 18. Jahrhunderts Robert Lowth – sind die beiden elementaren Techniken, deren vielfältige Multiplikation und Modifikation ein Gedicht ausmachen. Vielfältig ist ihre Multiplikation insofern, als sie gleichzeitig auf allen Ebenen der Sprache, der phonologischen, der grammatischen und der lexikalisch-semantischen Ebene, ebenbildlich wie spiegelbildlich, zum Zuge kommen und sich dabei in unterschiedlichen, jedoch nicht ungeordneten Abständen, abermals eben- und/oder spiegelbildlich, wiederholen. Die bekanntesten Formen des lautlichen Parallelismus sind Rhythmus, Alliteration und Reim. Originelle Poesie zeichnet sich dadurch aus, daß sie standardisierte Erwartungen, die sich bei einer geläufig gewordenen Parallelismus-Technik einstellen, durch eine überraschende Umstellung oder auch nur Unterbrechung enttäuscht. Steht die Variation des neuen Werkes zu seinen Vorgängern in einem geordneten Verhältnis, so wird die Abfolge von Altem und Neuem selber als ein kunstvolles Ganzes erlebt.

Um sich ein Bild von der Dichte und der architektonischen Anlage dieser Parallelismen in einem Gedicht zu machen, nehme man irgendeine Detailanalyse der folgenden Gedichtinterpretationen und stelle sie, soweit eine solche Veranschaulichung nicht schon mitgeboten wird, graphisch dar. Als Beispiel wähle ich, leicht verkürzt, die Analyse der Reimwörter in Hölderlins letztem Gedicht (siehe unten S. 37).

Paarreime	Wortende/ Wortanfang	Betonung	Vokallänge
-eben	-en	vorderer Vokal	lang
-eben	-en	vorderer Vokal	lang
-ilde	präfigiert	vorderer Vokal	kurz
-ilde	barer Stamm	vorderer Vokal	kurz
-eiten	-en	vorderer Vokal	lang (Diphthong)
-eiten	-en	vorderer Vokal	lang (Diphthong)
-änzet	barer Stamm	vorderer Vokal	kurz
-änzet	präfigiert	vorderer Vokal	kurz

Wählt man für jede Gleichheit einen anderen Buchstaben, ergibt sich das folgende Schema. Dabei muß man sich, was in den horizontalen Reihen sukzessive zur Darstellung kommt, teilweise simultan realisiert denken.

$$A \: E \: H \: I$$
$$A \: E \: H \: I$$
$$B \: F \: H \: K$$
$$B \: G \: H \: K$$
$$C \: E \: H \: J$$
$$C \: E \: H \: J$$
$$D \: G \: H \: K$$
$$D \: F \: H \: K$$

Die Projektion der Ähnlichkeits- und Kontrastbeziehungen der paradigmatischen Achse auf die syntagmatische Achse wirkt sich bei einer graphischen Textwiedergabe fast unwiderstehlich in der vertikalen Anordnung der dominanten Verbindungslinien aus (vgl. die Druckwiedergabe des Klee-Gedichtes mit dem Faksimile). Die vorherrschenden Parallelismen finden ihren Niederschlag in der Versbildung. Ihrer Wiederholung bzw. systematischen Abwandlung entspricht die Strophenbildung. Im Grunde ist die These von der Projektion des Äquivalenzprinzips von der paradigmatischen auf die syntagmatische Achse nichts anderes als eine linguistische Formulierung und Explikation dessen, was mit der Aufteilung eines Gedichtes in Verse und Strophen spontan zum Ausdruck gebracht wird.

Die Herausarbeitung der wechselseitigen Abhängigkeit der verschiedenen sprachlichen Ebenen bildet den Inhalt des dritten, *des hermeneutischen Prinzips*. Das Einzelne ist vom Ganzen und dieses von jenem her zu verstehen. Der semantische Gehalt eines Gedichtes kann nur bei einer eingehenden Mitberücksichtigung seiner lautlichen und grammatischen Gestalt freigelegt werden. Mit der Anwendung des hermeneutischen Grundsatzes auf den Schichtenbau der Sprache stellt sich Jakobson in einen beachtenswerten Gegensatz zu einem andern, in deutschen Landen lange Zeit wegleitenden Hölderlin-Interpreten, Martin Heidegger. In Heideggers »Hölderlin und das Wesen der Dichtung«[2] ist zu lesen: ». . . als Gespräch nur ist Sprache wesentlich. Was wir sonst mit ›Sprache‹ meinen, nämlich einen Bestand von Wörtern und Regeln der Wortfügung, ist nur ein Vordergrund der Sprache.« Was Heidegger, im übrigen wie Jakobson von der phänomenologischen und hermeneutischen Tradition herkommend, mit einem Satz als bloßen »Vordergrund der Sprache« zur Seite schiebt, ein »Bestand von Wörtern und Regeln der Wortfügung«, dient Jakobson gerade als Leitfaden der Sinninterpretation eines Gedichtes. Jakobson weiß die Dichter auf seiner Seite. Baudelaire: »Die Grammatik, die trockene Grammatik wird selbst zu einem geisterbeschwörenden Zauber *(une sorcellerie évocatoire)*.«[3] Der vortragende Hölderlin ist noch deutlicher (vgl. unten S. 36): »Sehen Sie, gnädiger Herr, ein Komma!«

Man ist gewohnt, daß auch die Schulpoetik Lautmalerei und Reim als Indizien für Sinnzusammenhänge benützt. Jakobsons besonderes und noch viel zu wenig anerkanntes und befolgtes Anliegen ist es, über die Abhängigkeitsbeziehungen zwischen der Laut- und der Sinnebene hinaus systematisch die Interrelation der grammatischen und der semantischen Schicht in einem Gedicht in Anschlag zu bringen. Eine Vorlesungsnachschrift seiner *Louvain Lectures* (1972) enthält folgende autobiographische Notiz:[4]

Lehrbücher pflegen zu sagen, daß ein Gedicht von aller Bildhaftigkeit, von Tropen und Figuren befreit und doch, dank seiner Gedanken und Gefühle, ein großes Gedicht sein kann. Als ich anfing, Gedichte zu analysieren und sie mit ihren Übersetzungen zu vergleichen, fand ich, daß den Übersetzungen etwas fehlte. Obwohl Reim, Metrik und Komposition übernommen worden waren, blieb etwas aus und dieses Ausbleiben zerstörte den ganzen Eindruck des Originals. Ich realisierte, daß es die grammatischen Strukturen des Originals waren, die in der Übersetzung fehlten. Das bedeutete mir, daß die grammatischen Strukturen in der Dichtung eine entscheidende Rolle spielen. Sie sind die Quelle der grammatischen Tropen und Figuren.

Eine Interpretation, die sich an der phonologischen und grammatischen Gestalt eines Gedichtes vorbei unmittelbar auf einen vorweg erahnten philosophischen Tiefsinn stürzt, verstümmelt seine Aussage nicht weniger als eine Übersetzung, die auf die lautliche und die grammatische Eigenart des Originaltextes keine Rücksicht nimmt. Jede Ähnlichkeit in der Lautform und in der morphologisch-syntaktischen Struktur wird vom Dichter im Hinblick auf ein Ähnlichkeits- und/oder Kontrastverhältnis auf der semantischen Ebene ins Spiel gebracht.

Trotz gegenteiliger Bekenntnisse der Dichter wird immer wieder der Verdacht laut, ob denn all den abstrakten linguistischen Kategorien und Regularitäten, an denen sich der Linguist in einem Gedicht orientiert, auch eine psychische Kraft und Wirklichkeit zukommt, die den Poeten lebhaft bedrängt, und die anschließend vom sprachwissenschaftlich ungeschulten Hörer und Leser erspürt werden kann. Trägt der Sprachtheoretiker nicht ein fremdes und lebloses Begriffsmaterial an ein letztlich nicht begrifflich faßbares Werk heran? Psycholinguistische Befunde lassen keinen Zweifel aufkommen, daß die Vertreter einer linguistischen Poetik der subjektiven Erfahrung der Sprache und der Weise ihrer psychischen Realität näher kommen als die Hüter von geheimnishaften, jeder rationalen Analyse entschwebenden Stimmungen und Gefühlen, die von Gedichten vermittelt werden sollen. Der Assoziationstheorie ist längstens bekannt, daß die assoziierten Wörter überdurchschnittlich häufig der gleichen Wortkategorie angehören wie die Reizwörter. Ebenso kann man bei Patienten, die an Alexie leiden, feststellen, daß die Lesefehler in die gleiche Kategorie wie die richtige Lesart fallen. Pronomen bleibt Pronomen, wenn ein Alexie-Patient *unser* statt *euer* liest. Eine Patientin, die vor dem Wort *Es* zögert und sich über die »schrecklich kleinen Wörter« beklagt, obwohl sie das um nichts längere Substantiv *Ei* ohne anzustoßen liest, hat irgendwie erfaßt, daß *Es* zur Kategorie der Pronomina gehört, die ihr immer wieder Mühe machen.[5] Das schlagendste und zugleich von jedermann bei sich selbst überprüfbare Indiz für die mentale Realität der linguistischen Kategorien sind die ›Zungenspitzen-Wörter‹. Man sucht ein Wort, von dem man sicher ist, daß man es weiß. ›Es sitzt einem auf der Zungenspitze‹ und man vermag es doch nicht auszusprechen. Das Verblüffende ist, daß man, obwohl sich die konkrete Materie des Wortes verflüchtigt hat, die abstrakten Momente aufzuzählen vermag, von denen auch der linguistisch orientierte Literaturwissenschaftler bei seinen Analysen ausgeht. Man weiß z. B. genau, mit welchen Lauten ein gesuchter Name anfängt, wie viele Silben und welches prosodische Muster er hat (›ein Dreisilber mit der Betonung auf der ersten Silbe‹), daß er auf ein Suffixmorphem, und oft sogar, auf welches Morphem er auslautet *(-mann)*,[6] welcher ethnischen Gruppe er angehört (›ein deutsch klingender Name‹), welches seine semantische Konnotation ist (›er hat etwas mit Angst zu tun‹). Diese Bruchstücke dienen als erstaunlich selbstsicher vertretene Kriterien bei der Überprüfung von selbst- und fremdgeäußerten Vorschlägen. Man ist ganz und gar davon überzeugt, daß weder *Kurmann* noch *Käsemann* der gesuchte Name ist, obwohl man über den richtigen Namen *(Bangemann)* noch keineswegs intuitiv verfügt. Man kann unter den Zungenspitzen-Wörtern selbst Kandidaten für das der strukturalen Poetik besonders teure Verfahren der phonisch-semantischen Inversion finden. Bei einem Abendessen suchte jemand nach der englischen Übersetzung für *Forelle*. Was ihm allein einfiel und ihm gleichzeitig nicht mehr aus dem Sinn wollte, war das englische Wort *trust*. Obwohl er nur zu gut wußte, daß sein Einfall verfehlt war, bestand er fast hartnäckig darauf, daß *trust* irgendwie richtig sei. Die Erlösung kam von seinem Tischnachbarn: *trout*. Die Bedeutung des falschen Wortes *trust* entspricht dem (schweizer-)deutschen *trauen/er traut*, dessen lautliche Form sich, wie geschnitten, mit der lautlichen Form des gesuchten englischen Wortes deckt.

Wenn sich abstrakte Kategorien und Strukturen bei Sprachstörungen, die mit einer Erkrankung oder auch nur einer alltäglichen Ermüdung erklärt werden, als leitendes Prinzip geltend machen, wird man mit gutem Grund darauf bestehen dürfen, daß solche Kategorien und Strukturen auch in der Produktion und Rezeption von dichterischen Texten, bei denen der Autor und der Leser vom sprachlichen Medium als solchem eingenommen sind, als wirksame und spürbare Faktoren am Werke sind. Das ›Zungenspitzen-Phänomen‹ ist nur der prosaische Bruder der poetischen Erfahrung: »Wie viele Dichter sagen, beginne der Prozeß des Dichtens damit, daß vor dem inneren Ohr ein unabweisbarer musikalischer Gedanke entsteht, der, anfangs noch verschwommen, allmählich klarere Gestalt gewinnt, wenn auch die Worte noch fehlen. Oft mußte ich mit ansehen, wie Ossip Mandelstam versuchte, sich von der Melodie zu befreien, sie abzuschütteln, ihr zu entrinnen. Er schüttelte den Kopf, als wollte er einen Tropfen Wasser, der beim Baden ins Ohr gedrungen ist, herausschütteln. Aber sie war durch nichts zu dämpfen – weder durch Lärm noch durch Radio oder Unterhaltung im selben Zimmer ... Ist der Differenzierungsprozeß vorangeschritten, schälen sich die Worte heraus und bewegen die Lippen ... Der ganze Prozeß des Dichtens besteht aus einem angestrengten Einfangen und Zutagefördern von etwas bereits Vorhandenem, eines formal und inhaltlich harmonisch aufeinander abgestimmten Ganzen, dessen Ursprung unbekannt ist und das sich langsam in Worte umsetzt. Der letzte Arbeitsprozeß ist die Entfernung zufällig in die Verse hineingeratener Wörter ... Diese Wörter, die sich zufällig eingeschlichen haben, wurden, als das Ganze zutage trat, in Eile gewählt, um Lücken zu füllen. Sie blieben kleben, und es war eine sehr schwere Arbeit, sie auszumerzen.«[7]

Das hermeneutische Auslegungsprinzip gilt nicht allein für den internen Aufbau eines Gedichts, sondern ebenso für sein Verhältnis zur poetischen Tradition, der ein Text angehört oder von der er sich revolutionär absetzt, und weiter für seine Bezogenheit auf die kulturelle, die psychologische und soziologische Situation seines Verfassers und der ganzen Epoche, aus der er stammt. Die Stellung eines literarischen Textes zu solchen immer umfassenderen Phänomenkreisen ist die eines Teils zu einem Ganzen. Gegen was sich der Strukturalismus allein wendet, ist die dilettantische und atomistische Inbezugsetzung isolierter Phänomene aus unterschiedlichen Bereichen, ohne daß deren Einbettung in den jeweiligen Zusammenhang zuerst in Betracht gezogen worden ist. Dies gilt vornehmlich für poetische Texte. Was einen Text auszeichnet, in dem die poetische Funktion die andern Funktionen der

Sprache dominiert, ist seine *relative* Autonomie all diesen zusätzlichen Aspekten gegenüber. Er ist, um einen von Jakobson hochgeschätzten Begriff der Gestaltpsychologie zu gebrauchen, ein ›Teilganzes‹. Er ist etwas, das man ohne Rückgriff auf die Lebensgeschichte des Verfassers und die von ihm geteilten oder abgelehnten ideologischen Bewegungen seiner Zeit aus sich selbst heraus als ein in sich Abgerundetes verstehen kann.

Kak delat' stichi (›Wie Gedichte zu machen sind‹) ist der Titel eines Aufsatzes von Majakovskij, *What does a poet do with words?* derjenige eines Löwener Vortrages von Jakobson. Die beiden Titel sind ein Hinweis auf das vierte Prinzip der linguistischen Poetik, das man in Anlehnung an die künstlerische Bewegung, die es zu ihrem obersten Leitsatz erhoben hat, als *das futuristische Prinzip* erklären kann. Die Dichtung ist eine Art ›Handwerk‹, das in der Beherrschung von bestimmten, je nach Stil und Anliegen auszuwählenden ›Verfahren‹ besteht. Das vom Russischen Formalismus am eingehendsten thematisierte Verfahren ist die Verfremdung. Eine phonische Weise der Verfremdung ist bei Chlebnikov der auch bei Kindern beliebte Austausch der Anfangsbuchstaben der Wörter. Die Bedeutung der Wörter gerät dadurch in ein zwielichtiges Schwanken. Eine andere Technik ist der Gebrauch von ungewöhnlichen Ausdrücken in gewöhnlichen Zusammenhängen und umgekehrt von ordinären Ausdrücken in Zusammenhängen, bei denen eine gehobene Sprechweise eine Monopolstellung erworben hat. Im Prager Strukturalismus machen die gewaltsamen Deformationen zusehends der Thematisierung von Transformationsverfahren Platz, die in der Sprache selbst angelegt und für sie allgemein konstitutiv sind, und die in der Poesie nur systematisch, in einer kunstvollen Anordnung, ins Spiel und zur Wirkung gebracht werden. Bei Jakobson beherrscht dabei das an den vielfältigen Formen des Parallelismus exemplifizierte Verfahren die Szene, das als strukturalistisches Prinzip der Dichtkunst vorgestellt worden ist, die Projektion der Ähnlichkeits- und Kontrastbeziehungen von der paradigmatischen auf die syntagmatische Achse.

Die Abstellung der Dichtkunst auf fixierbare Verfahren sollte nicht zur Illusion verleiten, man könne sich das Dichten aus Lehrbüchern und an Dichterschulen wie eine Anleitung zur Bedienung einer neuen Maschine erwerben. Die dichterische Anwendung der Verfahren erfolgt in einem weiten Ausmaße subliminal, unbewußt. Auch Freud spricht von den zwei Hauptverfahren der Traumgestaltung, Verdichtung und Verschiebung, als von zwei fixierbaren Mechanismen und – metaphorisch – als von zwei »Werkmeistern«, ohne damit insinuieren zu wollen, der Psychoanalytiker sei dank seiner wissenschaftlichen Einsichten zu den gleichen Leistungen fähig, mit denen seine Patienten ihn täglich überraschen. Im übrigen folgen die Verdichtungen und Verschiebungen des Unbewußten den gleichen Assoziationsbahnen, die den beiden Stilfiguren der Metapher und der Metonymie zugrundeliegen, die ihrerseits bei Jakobson zur Beschreibung der zwei Hauptachsen der Sprache, der paradigmatischen (metaphorischen) und der syntagmatischen (metonymischen) Achse dienen. Die Affinität zwischen strukturalistischer und psychoanalytischer Kulturwissenschaft ist primär formal, im Rekurs auf die gleichen subliminal wirksamen Strukturgesetze, und nicht thematisch begründet. Die menschliche Seele ist nicht nur eine Schatzkammer von inhaltsschweren Symbolen, sondern an erster Stelle, ob man darin bloß den Anfang aller Repression oder eine unabdingbare Voraussetzung für kreative Leistungen zu sehen vermag, eine Anlage von Regeln und Strukturen: *anima naturaliter grammatica.*

Von Rezensenten wird Jakobson gelegentlich eine »idiosynkratische und katachretische Diktion« vorgehalten (vgl. den Ausdruck ›Wortkunst‹). Vielleicht gewinnt man an Verständnis, wenn man auch darin ein Erbe des Russischen Futurismus sieht, von dem her Jakobson zur Literatur- und Sprachwissenschaft gekommen ist. Der Futurismus forderte zur »organisierten Gewalt« in der Sprachverwendung auf, um neue und ungewohnte Erfahrungen zu provozieren.

Wenn man die bisher aufgezählten Prinzipien überdenkt, kann man sich nur wundern, auf wie viel Mißtrauen und Mißverständnis die strukturale Poetik in konservativen Kreisen stößt. Es sind durchgehend Prinzipien, die eine lange Tradition hinter sich haben. Das gilt einschließlich des letztgenannten Prinzips, wie allein schon die Wiedergabe des russischen Terms *priem* (›Verfahren‹) mit dem altvertrauten deutschen Fachausdruck ›Kunstgriff‹ bei den Russischen Formalisten selber und die auffallende Anlehnung an klassische, mittelalterliche und antike, ja selbst altindische Begriffe (Parallelismus, Metapher, Metonymie, Brachylogie, *dipaka* [›verdichteter Ausdruck‹] etc.) zur Bestimmung der einzelnen Verfahren bezeugen.[8] Wo liegt das anstößig Neue an dieser Poetik? Es scheint das fünfte, *das wissenschaftliche Prinzip* zu sein, nach dem die vorangestellten Prinzipien nicht mehr bloß liebhaberisch, wie das in einem literarischen Salon angehen oder vielmehr gefragt sein mag, sondern systematisch anzuwenden sind, das Abwehrreaktionen auslöst.

Die weitverbreitete antiwissenschaftliche Einstellung, was Literatur und Kunst betrifft, dürfte vor allem auf zwei Verwechslungen beruhen, auf der Verwechslung zwischen ›struktural determinierbar‹ und ›exakt meßbar‹ – daß sog. vage Begriffe wie ›groß‹ und ›klein‹ metrisch nicht exakt meßbare Begriffe sind, macht sie noch nicht zu Begriffen, deren Verhältnis zueinander und zu andern Begriffen sich jeder strukturalen Beschreibung entzieht – und auf der noch oberflächlicheren Verwechslung zwischen ›wissenschaftlich‹ und ›unfehlbar‹, als ob die Fehlbarkeit und Revidierbarkeit aller menschlichen Erkenntnis nicht auch für die Wissenschaft eine Binsenwahrheit wäre.

Das wissenschaftliche Prinzip ist ebenfalls ein Erbe des Futurismus. Wie sein Vorbild, der Kubismus, verfocht der Russische Futurismus das Zusammengehen von Kunst und Kunsttheorie. Die Kunst selber, so seine antiromantische und antisymbolistische Provokation, sollte fortan als die gekonnte Anwendung durchschaubarer Verfahren wie eine Wissenschaft behandelt und betrieben werden. Geblieben ist von diesem Programm die Überzeugung, daß alle Kreation in einem Kode, in einem System von Kategorien, Regeln und Strukturen, fundiert ist, und ebenso die Konsequenz, die sich daraus ergibt, die Konzeption der Poetik als eine strenge Wissenschaft.

»Ich glaube wirklich, daß eine vollständig objektive Textanalyse möglich ist, so weit wie eine objektive wissenschaftliche Interpretation im allgemeinen möglich ist«, heißt es in der schon zitierten Nachschrift von Jakobsons *Louvain Lectures* und im »Postscriptum« zu den *Questions de poétique* als Antwort auf den Vorwurf, »das subtile und unfaßbare *Ich weiß nicht was,* aus dem die Poesie gemacht sein will«, zu verfehlen: »Aber dieses *Ich weiß nicht was* bleibt gleicherweise unfaßbar im wissenschaftlichen Studium der Sprache oder der Gesellschaft oder des Lebens oder der Geheimnisse der Materie. Es ist wirklich unnütz, mit wichtigtuerischer Miene das *Ich weiß nicht was* der unausweichlichen Approximation der Wissenschaften gegenüberzustellen.«

Quellennachweis

Jakobson hat seit 1916 eine Vielzahl von Gedichten in nicht weniger als zwanzig Sprachen analysiert. Der vorliegende Band enthält die Analysen der drei deutschsprachigen Gedichte. Es sind drei Studien, die im Abstand von jeweils rund fünf Jahren in der letzten Zeit entstanden sind.

Die Brechtinterpretation ist die älteste, als Beitrag zur Festschrift für den Ostberliner Linguisten, Literaturwissenschaftler und Ethnologen Wolfgang Steinitz geschrieben (*Beiträge zur Sprachwissenschaft, Volkskunde und Literaturforschung, W. Steinitz dargebracht*, Berlin, 1965, 175-189). Jakobson hatte Steinitz, den Verfasser eines Standardwerkes über den Parallelismus in der finnisch-karelischen Volksdichtung und spätern Initianten der international renommierten Berliner Arbeitsstelle für strukturelle Grammatik, 1940 im gemeinsamen Exil in Stockholm kennengelernt.[9]

Die Interpretation von Klees Achtzeiler ist einem Aufsatz mit drei Analysen von Gedichten, die von Malern (neben Paul Klee William Blake und Henri Rousseau) geschrieben worden sind, entnommen (»On the Verbal Art of William Blake and Other Poet-Painters«, *Linguistic Inquiry* 1, 1970, 3-23). Der dreiteilige Aufsatz ist Jakobsons ehemaligem Kollegen an der *Columbia University*, dem Kunsttheoretiker Meyer Schapiro gewidmet. Der Text der Kleeanalyse erscheint hier, in der Übersetzung von Grete Lübbe-Grothues, zum ersten Mal in deutscher Sprache.

Die Exegese, in Zusammenarbeit mit Grete Lübbe-Grothues, von Hölderlins Gedicht ist eine Erstveröffentlichung. Ihr unmittelbarer Anlaß war eine langjährige Beschäftigung Jakobsons – im Anschluß an seine bahnbrechenden Beiträge zur Aphasie-Forschung – mit der Beziehung zwischen der Mitteilung und dem ihr zugrundeliegenden Kode[10] sowie mit der Sprache und Dichtung von Geisteskranken. Das Ergebnis ist eine Herausforderung an die sich zur Zeit breitmachenden pragmatischen

Strömungen in Linguistik und Literaturwissenschaft, die sich nach überwiegend formalistischen Jahrzehnten nicht weniger einseitig auf den
kommunikativen Aspekt der Sprache versteifen (vgl. in der Poetik die
leserorientierte ›Rezeptionsästhetik‹). Gegenüber derart reduktionistischen Strömungen hebt sich die Forschergruppe, die aus dem *Cercle
linguistique de Prague* hervorgegangen ist, durch ihre ganzheitliche Konzeption einer zugleich »strukturalen und funktionalen Linguistik« (Mathesius) ab. Ihr Ziel ist die adäquate Erarbeitung der Vielfalt der sprachlichen Dimensionen, von deren Interrelationen und der dabei in den
einzelnen Spracherscheinungen von der Kindersprache über Dialekt-,
Hoch-, Literatur-, Wissenschafts-, Kirchensprache usf. bis zu den Verfallsformen der Aphasie und Glossolalie alternierenden Dominanzverhältnisse. Eine wegleitende Rolle spielte bei diesem umfassend angelegten
Programm die Gegenüberstellung der kommunikativen und der poetischen Funktion der Sprache. Es zeigt sich, daß nur eine Sprachwissenschaft, die dem strukturalen System der Sprache einen ihrer kommunikativen Funktion gleichrangigen Wert, der sich in der Poesie eigenmächtig
verselbständigt, zugesteht, einer Sprachentwicklung wie derjenigen Hölderlins bis hin zu dessen in Schizophrenie geschriebenen späten Dichtung
gerecht zu werden vermag (vgl. vor allem das in eine Relativierung der
bekannten These Heideggers »Als Gespräch nur ist Sprache wesentlich«
mündende Kapitel »Rede und Sprachkunst der Schizophrenie«, unten S.
77-83).

Literaturhinweise

Jakobsons Studien zur Poetik, die sich über eine Zeitspanne von 60
Jahren erstrecken, sind von einer überraschenden Konstanz. Zwar wurde
manche, später als »jugendlich« und »studentenhaft« apostrophierte Einseitigkeit der frühen Phasen des Russischen Formalismus im Lauf der Zeit
in den Senkel gestellt. Es fällt jedoch nicht schwer, die Ansätze für die
ausgleichende Korrektur bereits in den gleichen frühen, immer im engen
und freundschaftlichen Kontakt mit den führenden Dichtern in Moskau
und Prag an der poetischen Praxis selber orientierten Schriften zu finden.
Die Entwicklung beruht vor allem in der systematischen Ausarbeitung
der frühen Intuitionen, die durch den gleichzeitigen Fortschritt der
Linguistik ermöglicht und gefördert worden ist.

Jakobsons Arbeiten zur Poetik und Verslehre sind zur gesammelten
Veröffentlichung in den Bänden III *(Poetry of Grammar and Grammar of
Poetry)* und V *(Verse, Its Masters and Explorers)* seiner *Selected Writings*,
Den Haag: Mouton, vorgesehen. Bis zu ihrem Erscheinen ist der französische Sammelband *Questions de poétique*, Paris: Seuil, 1973, zu empfeh-

len. Zu den wichtigsten theoretischen Einzelschriften, an denen sich auch die vorangehende Einführung im wesentlichen orientierte, gehören:

1921a,   »Die neueste russische Poesie«, *Texte der russischen Formalisten* II, hg. von Wolf-Dieter Stempel, München: Fink, 1972, 18-135 (zweisprachige, russisch-deutsche Edition).

1921b,   »Über den Realismus in der Kunst«, *Texte der russischen Formalisten* I, hg. von Jurij Striedter, München: Fink, 1969, 372-391 (zweisprachige, russisch-deutsche Edition; nur deutschsprachige Ausgabe: UTB 40).

1923,   »Über den tschechischen Vers. Unter besonderer Berücksichtigung des russischen Verses«, *Postilla Bohemica*, Zeitschrift der Konstanzer Hus-Gesellschaft 8-10, 1974, 1-204.

1956,   »Two Aspects of Language and Two Types of Aphasic Disturbances«, *Selected Writings* II, Den Haag: Mouton, 1971, 239-259. (Deutsche Übersetzung in: *Aufsätze zur Linguistik und Poetik*, München: Nymphenburger, 1975, 117-141.)

1960,   »Linguistics and Poetics«, *Style in Language*, ed. by Thomas A. Sebeok, New York: Wiley, 350-377. (Sehr korrekturbedürftige deutsche Übersetzung in: *Strukturalismus in der Literaturwissenschaft*, hg. von H. Blumensath, Köln: Kiepenheuer & Witsch, 1972, 118-147.)

1961,   »Poesie der Grammatik und Grammatik der Poesie«, *Aufsätze zur Linguistik und Poetik*, München: Nymphenburger, 1974, 247-260. (Deutsche Version eines 1961 russisch und 1968 englisch erschienenen Textes.)

1966,   »Grammatical Parallelism and Its Russian Facet«, *Language* 42, 399-429.

1970,   »The Modular Design of Chinese Regulated Verse«, *Échanges et communications. Mélanges offerts à Claude Lévi-Strauss*, Den Haag: Mouton, 597-609.

1973,   »Postscriptum«, *Questions de poétique*, Paris: Seuil, 1973, 485-504.

Die umfangreichen Monographien 1921a und 1923 sind als die eigentlich bahnbrechenden Studien Jakobsons zur Poetik anzusehen. Der Aufsatz 1921b hat die Bedeutung der subjektiven Einstellung zur Auffassung von Realität und Realismus zum Thema. Der Essay 1956, eine der brillantesten Schriften Jakobsons überhaupt, ist seine ausführlichste Darstellung der Zweiachsentheorie und zugleich einer der grundlegenden Beiträge zur Aphasie-Forschung. Die Aufsätze 1960 und 1961 gelten als die ›Summe‹ der Jakobsonschen Theorie der Poesie. Im Brennpunkt stehen im ersten Aufsatz die Prinzipien der Einstellung auf den Ausdruck und der Projektion der Ähnlichkeitsbeziehungen von der paradigmatischen auf die syntagmatische Achse. Die Abhandlungen 1966 und 1970 sind Jakobsons

23

wohl bedeutendste neuere Studien zur Verslehre. Das Postskript 1973 schließlich enthält eine aufschlußreiche Auseinandersetzung mit den Kritikern der strukturalen Poetik.

Zur Ergänzung der vorangehenden Ausführungen sei auf meine beiden Bücher zur strukturalen Sprachtheorie verwiesen: *Roman Jakobsons phänomenologischer Strukturalismus* (suhrkamp taschenbuch wissenschaft 116, 1975: zum phänomenologischen Einstellungsprinzip, S. 55 ff.; zur Zweiachsentheorie, S. 142 ff.; zum Funktionsmodell der Sprache, S. 157 ff.) und *Linguistik, Semiotik, Hermeneutik* (Suhrkamp, 1976: zur Zweiachsentheorie, S. 142 ff.; zur ›strukturalistischen‹ Konzeption der Hermeneutik, S. 176 ff.). Aufschlußreich für die futuristischen Komponenten im Russischen Formalismus (und in seiner Nachfolge im Prager Strukturalismus) ist Krystyna Pomorska, *Russian Formalist Theory and its Poetic Ambiance*, Den Haag: Mouton, 1968.

Zürich und Köln, März 1976   Elmar Holenstein

Anmerkungen

1 Mitgeteilt von Paul Valéry, *Oeuvres* I, Paris: Pléiade, 1965, 1324.

2 *Erläuterungen zu Hölderlins Dichtung*, Frankfurt/M.: Klostermann, 1971⁴, 38.

3 Zitiert nach Roman Jakobson, *Questions de poétique*, Paris: Seuil, 1973, 488.

4 Vgl. Marleen Van Ballaer, *Aspects of the Theories of Roman Jakobson*, Memoir, Universiteit Leuven (België): Fakulteit der Wijsbegeerten en Letteren, 1973 (hektographiert), 1.

5 Egon Weigl und Manfred Bierwisch, »Neuropsychologie und Linguistik«, *Ergebnisse der Psychologie* 43, 1972, S. 15.

6 Bei Hölderlins Namensaustausch (vgl. unten S. 31 f.) ist ebenfalls über die lautlichen Anklänge hinaus eine morphologische Verwandtschaft festzustellen. Dem Diminutiv-Suffix – *lin* in *Hölderlin* entspricht in *Scardanelli/Sganarelle* das Namenssuffix *-elli/-elle* (auch es, zumindest für Fremdsprachige, mit einer gewissen Diminutiv-Konnotation, wie denn auch Molières Alternativfiguren zu Sganarelle fast durchweg Namen mit einem Diminutiv tragen). Jakobsons Scardanelli-Deutung wird den versierten Leser unweigerlich an Freuds Signorelli-Analyse erinnern, ein ›Zungenspitzen-Phänomen‹, das seit Lacan zu einem Exerzierfeld der sprachlich orientierten strukturalistischen Methode in der Psychoanalyse geworden ist. (Für eine übersichtliche Darstellung vgl. Eugen Bär, *Semiotic Approaches to Psychotherapy*, Bloomington Ind.: Indiana University Publications, 1975, 33 ff.) Neben der kunstvollen Eleganz von Hölderlins unbewußter Leistung wirkt Freuds verwandte Kreation freilich eher verschroben.

7 Nadeschda Mandelstam, *Das Jahrhundert der Wölfe*, Frankfurt: Fischer, 1971, S. 83.

8 Der Begriff ›Verfahren‹ hat ebenfalls eine ehrwürdige Tradition, vgl. Friedrich Hölderlin, »Über die Verfahrungsweise des poëtischen Geistes«, *Sämtliche Werke* IV, hg. von Friedrich Beissner, Stuttgart: Kohlhammer, 1961, 241-265 (»das jedesmalige poëtische Geschäfft und Verfahren«, 244).

9 Vgl. Jakobsons Erinnerungen im »Geleitwort« zu Wolfgang Steinitz, *Ostjakologische Arbeiten* I, Den Haag: Mouton, 1975, S. IX-XIV.

10 Vgl. »Verschieber, Verbkategorien und das russische Verb«, *Form und Sinn*, München: Fink, 1974, 35-54. In diesem und im folgenden Aufsatz »Zur Struktur des russischen Verbums« (55-67) wird auch die fundamentale sprachliche Relation ›merkmalhaltig – merkmallos‹ beschrieben, auf die in der Hölderlin- und in der Brechtinterpretation wiederholt Bezug genommen wird. Vgl. dazu auch Elmar Holenstein, *Roman Jakobsons phänomenologischer Strukturalismus*, Frankfurt/M.: Suhrkamp, 1975, 134 ff.

Roman Jakobson und Grete Lübbe-Grothues
Ein Blick auf *Die Aussicht* von Hölderlin

Alles greift in einander
Hölderlin

Übersicht

Die Aussicht.

Wenn in die Ferne geht der Menschen
                wohnend Leben,
Wo in die Ferne sich
                verglänzt die Zeit
                        der Reben,

Ist auch dabei
        des Sommers leer Gefilde da,

Der Wald erscheint mit seinem
                dunklen Bild.
Daß die Natur ergänzt das Bild
                der Zeiten,
Daß die verweilt,
        sie schnell vorüber gleiten,

Ist aus Vollkommenheit, das Himmels
                Höhe glänzet
Den Menschen dann, wie Bäume Blüth
                umkränzet.

        Mit Unterthänigkeit
                Scardanelli.

d. 24 Mai
        1749.

Hölderlins Gedicht *Die Aussicht* (*H* 312) – dessen Faksimile in der Berliner Ausgabe seiner Werke vorliegt (Bd. VI, 1923, nach S. 50) –, ist als das letzte angesehen worden. Der Dichter ist am 7. Juni 1843 gestorben. In der Beckschen Hölderlin-Chronik (109) heißt es unter der Zeitangabe »Etwa Anfang Juni«: »Der Kranke, den eine Erkältung befallen hat, gegen die ihm Gmelin eine Arznei verordnet, schreibt sein letztes Gedicht ›Aussicht‹.« F. Beissner bringt es in der Großen Stuttgarter Ausgabe (vgl. unser Literaturverzeichnis) chronologisch mit der *Freundschaft* zusammen (am 27. Mai 1843 entstanden) und datiert *Die Aussicht* auf Mai/Juni 1843 (*H* VII/3, Nr. 608, S. 306). Diese Angaben basieren auf einem Vermerk von Fritz Bräunlin, dem Neffen des Dichters, am oberen Rande des Handschriftblattes: »In Tübingen von Hölderlin in seinen lezten Lebenstagen geschrieben« (*H* 926). Einen ähnlichen Vermerk Bräunlins trägt übrigens das Gedicht *Der Frühling* (*Die Sonne kehrt . . .*): »In seinen lezten Tagen geschrieben« (*H* 308 und 923 f.). Diese beiden Achtzeiler haben darüber hinaus deutliche phraseologische Berührungspunkte. *Die Aussicht* gehört jedenfalls zu den spätesten Schöpfungen von 1843. Erst achtzig Jahre nach des Dichters Tod erschien sie in der Weimarer Ausgabe seiner Werke (II, 1923, S. 289).

Dieselbe Überschrift, jedoch ohne Artikel, tragen zwei ältere Gedichte. Um das Jahr 1830 geschrieben ist *Aussicht* (*Wenn Menschen* [!] *fröhlich sind . . .*) (*H* 281 und 908). Die zweite, schon mit *Scardanelli* unterzeichnete *Aussicht* (*Der off'ne Tag ist Menschen hell . . .*) (*H* 287 und 911) ist Ende der dreißiger Jahre verfaßt. Der naheliegende unmittelbare Anlaß für den im weiteren vielgestaltige räumliche und zeitliche Deutungen erlaubenden Titel ist die Vorliebe des kranken Dichters für den Ausblick aus seinem Tübinger Erkertürmchen, die in den Notizen und Erinnerungen seiner Besucher wiederholt vermerkt wird. »Ein Glück für ihn ist es, daß er von seinem Zimmerchen aus eine wirklich recht lachende Aussicht . . . genießt«, erzählt der Zeuge Wilhelm Waiblinger und erwähnt »manche schöne Bilder«, die Hölderlin »sich frischweg aus der Natur hohlte, indem er von seinem Fenster aus den

Frühling kommen und gehen sah« (VII/3, Nr. 499, S. 71, 73). Bettina von Arnim bezeugt: »Er hat ein schmales Zimmerchen oben in dem kleinen Haus eines Tischlers unter den äußersten der Stadt das Erkerartig abgerundet auf den Neckar sieht und ein Thal bis fern an erhöhten Waldhorizont, und diese Aussicht ist seine einzige Freude und fast das Einzige, worin er eine Sympathie mit den andern Menschen empfindet und in seinem Wesen äußern kann« (*Ilius Pamphilius*, II, 380 f.). Auch der Tischlermeister Ernst Zimmer berichtet 1835 über seinen Pflegling: »Ich foderde ihn dazu auf mir auch wieder etwas zu schreiben, er machte nur daß Fenster auf, that einen Blick ins Freue, und in 12 Minuten war es fertig« (*H* VII/3, Nr. 528, S. 134). Auch außerhalb des eigenen Zimmers schien der Fensterplatz den kranken Dichter besonders anzuziehen. Hölderlin, als Waiblingers Gast, »öffnete sich das Fenster, setzte sich in seine Nähe und fieng an, in recht verständlichen Worten die Aussicht zu loben« (*H* VII/3, Nr. 499, S. 67).

Die Aussicht trägt in Hölderlins Manuskript unten rechts die Signatur:

> *Mit Unterthänigkeit*
> *Scardanelli.*

Wie die Stuttgarter Ausgabe feststellt, unterschrieb Hölderlin seine Gedichte mit *Scardanelli* erst ungefähr von 1837-1838 an (*H* VII/3, Nr. 529, S. 139). Waiblinger, der mit Hölderlin in den frühen zwanziger Jahren verkehrte, gibt folgende Erklärung des kranken Dichters wieder: »Ich, mein Herr, bin nicht mehr von demselben Namen, ich heiße nun Killalusimeno. Oui, Eure Majestät: Sie sagen so, Sie behaupten so! es geschieht mir nichts!« Doch dieser Name kommt unter den bekannten Manuskripten des Dichters nicht vor, und als er seinem Gast Waiblinger ein Gedicht überreichte, schrieb er darunter: »Dero unterthänigster Hölderlin!« (*H* VII/3, Nr. 499, S. 69). Also erscheint die Formel der Unterthänigkeit viel früher, als sie in Verbindung mit *Scardanelli* üblich wurde, und auch bei Gesprächen war sie nach Waiblinger für Hölderlin charakteristisch: »Man hört ewig nur: Eure Majestät, Eure Heiligkeit, Euer Gnaden, Euer Excellenz, der Herr Pater! Sehr gnädig, bezeuge meine Unterthänigkeit . . .« Nach derselben Mitteilung »hatt' er nie aufgehört, mit sich zu sprechen und immer: Schon recht: Nun Nein! Wahrheit! Bin

Euer Gnaden sehr ergeben, bezeuge tief meine Unterthänigkeit für Ihre Gnaden – ja, ja, mehr als ich reden kann – Euer Gnaden sind allzu gnädig« (*H* VII/3, Nr. 470, S. 11).

Am 21. Januar 1841 notierte Christoph Theodor Schwab in seinem Tagebuch: »Heute war ich wieder bei ihm, um einige Gedichte, die er gemacht hatte, abzuholen. Es waren zwei, unter denen keine Unterschrift war. Zimmer's Tochter sagte mir, ich solle ihn bitten, den Namen H. drunter zu schreiben. Ich gieng zu ihm hinein und that es, da wurde er ganz rasend, rannte in der Stube herum, nahm den Sessel und setzte ihn ungestüm bald da, bald dorthin, schrie unverständliche Worte, worunter: »Ich heiße Skardanelli« deutlich ausgesprochen war, endlich setzte er sich doch und schrieb in seiner Wuth den Namen Skardanelli darunter.« (*H* VII/3, Nr. 551, S. 205).

Johann Georg Fischer, der Hölderlin 1841-43 besuchte, erzählt, daß Hölderlin, in einem Exemplar seiner neu herausgegebenen Gedichte blätternd, sagte: »Ja, die Gedichte sind echt, die sind von mir, – aber der Name ist gefälscht, ich habe nie Hölderlin geheißen, sondern Scardanelli oder Scarivari oder Salvator Rosa oder so was.« Jedoch der einzige Name, den Hölderlin sich zur Unterschrift seiner Gedichte aneignete, ist *Scardanelli*. (Die Variante *Scartanelli*, vor allem von Chr. Th. Schwab mitgeteilt, ist in den Handschriften des Dichters nicht erhalten.) In seinen Stammbuchblättern aus derselben Periode pflegt Hölderlin hingegen die Signatur »unterthänigst Buonarotti« oder »Buarotti« zu benutzen (siehe *H* 353 und 970 f.; VII/3, Nr. 529 und Nr. 608, S. 305).

Scardanelli, »dessen Schatten unter bestellten Gedichten am häufigsten auftaucht«, wird in *H* VII/3, Nr. 608, S. 304 f. als »obskur« bezeichnet. Doch könnte der Name durch Hinweis auf zwei deutliche Entsprechungen vielleicht erhellt werden. Wenn man in den Namen *Scardanelli* und *Hölderlin* den ersten Vokal und was vorangeht streicht, ergibt sich, daß die Acht-Buchstaben-Reihe *-rdanelli* alle sieben Buchstaben der Sequenz *-lderlin* in verstellter Ordnung wiederholt:

```
  1 2 3 4 5 6 7        4 2 - 7 3 1 5 6
- l d e r l i n      - r d a n e l l i
```

Die Auslassung der ersten Buchstaben bei einem Namensversteck ist geläufig. Außerdem scheint der Name *Scardanelli*

noch ein anderes Stützmodell zu haben, nämlich den Namen
der bekannten Molière-Rolle *Sganarelle,* dessen sämtliche
neun Buchstaben, vom stummen Endvokal abgesehen, sich in
der Form *Scardanelli* wiederfinden mit der Vertauschung nur
des schwachen *g* durch das starke *k* (*c*):

<pre>
1 2 3 4 5 6 7 8 9   1 2 3 6 - 5 4 7 8 9
S g a n a r e l l   S c a r d a n e l l
</pre>

Das in *Sganarelle* fehlende *d* und *i* ist dem *Scardanelli* mit
Hölderlin gemeinsam. Das vom kranken Hölderlin angenom-
mene Ritual der höfischen, mit Vorliebe französischen
Redensarten und dienstfertigen Formeln konnte ihn leicht an
die Bühnenfigur des Sganarelle erinnern, der in seinen verschiedenen Spielarten eine ähnliche Phraseologie und Verbeu-
gungsgestik entwickelt (Seigneur Commandeur; Je suis votre
valet; Je baise les mains à M. le Docteur; Monsieur, votre
serviteur . . .) Als Waiblinger dem Dichter die Frage stellte:
»wie alt sind sie, Herr Bibliothekar? antwortete er unter einem
Schwall französischer Worte: bin mir nicht mehr bewußt,
Euer Gnaden.« (*H* VII/3, Nr. 470, S. 11)

Hölderlins innerer Hang zu anagrammatischen Decknamen
mag schon im *Hyperion* seinen Ausdruck gefunden haben. Es
wurde mehrmals hervorgehoben, daß »Hyperion nur eine
Maske für Hölderlin selber bedeutet und daß beide im
Grunde miteinander identisch sind« (Lange, 66). Der gemeinsame graphische Stock der beiden Namen – des mythologi-
schen *Hyperion* (H..eri.n) und des ererbten *Hölderlin*
(H...er.in) – ist auffallend, und durch manche Formeln des
Eremiten in Griechenland bekräftigt, wie z. B. »holder Stern«
(holder....n – Hölder..n) oder Diotimas Bekenntnis »Dein
Namensbruder, der *h*errliche (herli.. – H...erli.) *H*yperion des
*H*immels ist in dir« (*H* III 73) mit der dreifachen Alliteration
des initialen *H,* die übrigens schon 1792 (vgl. Binder, 1961/2,
135 f.) bei der ersten Nennung des Beinamens des Sonnengot-
tes (*H* I 160) in der *Hymne an die Freiheit* (1793) auftaucht:[93]
»Wenn ihr Haupt die blaichen Sterne neigen, ‖ Stralt *Hype*-
rion im *H*eldenlauf« (Hölde.l..). Es ist nebenbei zu vermerken, daß *Die Aussicht* drei einander folgende Hebungen ebenfalls durch einen *H* – Anlaut auszeichnet (IV, Vollkommenheit, ∣ des *H*immels *H*öhe glänzet ‖) und daß dieser Stabreim

mit dem angeschlossenen dreifachen nasalen Auslaut (IV$_2$ De*n* Mensche*n* da*nn* I) vielleicht einen leisen Hinweis auf den verborgenen Namen enthält: *Höhe glänzet den* (Hö-l-de-n).

Die Gedichte Hölderlins aus seinen letzten fünf Lebensjahren tragen beinahe ausnahmslos die Unterzeichnung *Scardanelli* und links von diesem Namen fast immer die eigenhändige Angabe eines imaginären Entstehungsdatums. Ohne die übliche Signatur *Mit Unterthänigkeit Scardanelli* erscheint so eine Angabe (*d. 15ten Nov. 1759*) einzig unter dem Text *Der Herbst*, um 1841-1842 verfaßt (*H* 299, 918) Von den vierundzwanzig erhaltenen *Scardanelli* – Unterschriften (*H* 286-312 und 360, vgl. 976) sind zwanzig mit einem Datum versehen.

Die zwei ältesten von den auf diese Art unterzeichneten Gedichten (*H* 286 und 287), anscheinend um 1838 entstanden, und noch ein dritter, vielleicht späterer Achtzeiler (*H* 304) verweisen auf das 17. Jahrhundert (*d. 3ten März 1648; Den 24. März 1671; d. 24 Januar 1676*), und in vier Fällen – *H* 288 (*d. 24 April 1839*), 295 (*d. 25 Dezember 1841*), 298 (*d. 15 Merz 1842*) und 302 (*d. 28ten Juli 1842*) – ist wenigstens in bezug auf das Jahr, »möglicherweise . . . das Datum nicht fingiert« (s. *H* 911, 916, 918, 920). Zwei Gedichte wurden vom Verfasser der Zukunft zugewiesen, nämlich *Der Winter,* am 7. November 1842 entstanden, trägt das Datum *d. 24 April 1849* (*H* 303, 921) und *Der Sommer,* am 9. März 1842 geschrieben, behält den authentischen Tag und Monat, ändert aber das Jahr auf *1940* (*H* 297, 917). Die Mehrzahl der zwischen 1841 und 1843 verfaßten Gedichte (elf Einzelwerke) ist in Hölderlin – Scardanellis Handschriften dem 18. Jahrhundert zugewiesen, und zwar solchen Jahren, die des Dichters Geburt oder wenigstens seinem Knabenalter (*H* 293: *d. 24 Mai 1778*) vorausliegen.

Die Erfindungen der datierenden Anzeigen unter dem Wortlaut der Gedichte bekunden eine Vorliebe des Autors für gewisse chronologische Bezeichnungen und Verbindungen. Zehn von den elf Jahreszahlen des vermeintlichen 18. Jahrhunderts enden mit der Ziffer *8.* Das Jahrzehnt innerhalb dieser elf viergliedrigen Zahlen ist meistens mit *4* oder *5* bezeichnet (je fünf Beispiele), und jede Jahreszahl muß entweder *8* als letzte oder *4* als vorletzte Ziffer, falls nicht beide zugleich, enthalten.

Der Monat *Mai* erscheint neunmal, dabei nur im Anschluß

an Jahreszahlen, die mit *1700* beginnen und mit *8* enden. Jedes von diesen elf dem 18. Jahrhundert zugeschriebenen Gedichten soll, nach Scardanellis Zeugnis, in den zwanziger Monatstagen verfaßt worden sein. Das Tagesdatum lautet in zwei Beispielen *20* und in neun *24* (außerdem noch viermal *24* bei Scardanellis Zuweisungen zu anderen Jahrhunderten). Die Zahl *24* scheint überhaupt ein Angelpunkt all dieser seltsamen Datierungen zu sein.

Die Jahreszahl *1748* erscheint viermal, und dabei stets in Verbindung mit dem *24. Mai*. Alle vier Gedichte, die dasselbe Datum tragen (*24. Mai 1748*), mit einer symmetrischen Verteilung der zwei Zahlenzeichen am Anfang (*24*) und am Ende (*48*) – sind kurz vor Hölderlins Tod geschrieben: *Die Aussicht* (*H* 312, 926), *Der Zeitgeist* (*H* 310, 925), *Der Frühling* (*H* 307, 923) und *Griechenland* (*H* 306, 922). Johann Georg Fischer erzählt von seinem letzten Besuch beim kranken Dichter, wie er Hölderlin »um ein Paar Zeilen zum Andenken« bat, und wie er, nachdem ihm Hölderlin eine Wahl zwischen »Strophen über Griechenland, über den Frühling, über den Zeitgeist« vorgeschlagen hatte, um den »Zeitgeist« bat. (*H* VII/3, Nr. 608, S. 295, vgl. 301). Die Idee der »Strophen über Griechenland« und »über den Frühling« fanden wahrscheinlich ihre Verwirklichung in den zwei erwähnten Gedichten des *24. Mai 1748*.

II. Vers

Hölderlin richtete seine besondere Aufmerksamkeit auf den Zusammenhang und inneren Bau der Verse. Nach dem Zeugnis von J. G. Fischer (1816-1897), der im April 1843 den kranken Dichter am Werk sah, »trat er an sein Stehpult ... und schrieb, mit den Fingern der linken Hand die Verse auf dem Pult skandierend, und nach Vollendung jeder Zeile mit Kopfnicken ein zufriedenes deutliches *Hm* ausdrückend« (ibid.).

Das achtzeilige jambische Gedicht zerfällt in zwei Vierzeiler. Jede von diesen Strophen besteht aus zwei Verspcaaren. Jeder Vers ist durch einen Einschnitt – obligatorische Wortgrenze –

vor seinen letzten sieben Silben in zwei Halbverse geteilt, die wir im folgenden An- und Abvers nennen.

Jedes Verspaar des Gedichtes wird durch eine römische Zahl angegeben und jeder Vers durch eine subskribierte arabische Nummer, so daß der erste und der letzte Vers des ganzen Gedichts als I_1 und IV_2 bezeichnet werden. Der Einschnitt ist durch eine einfache |, das Versende durch eine doppelte || Vertikale angegeben.

Die Vierzeiler sind bei Hölderlin durch einen Punkt voneinander getrennt, und jeder Vierzeiler bildet ein Satzgefüge. In beiden Fällen gestaltet das erste Verspaar zwei paralele Nebensätze, deren Anverse im Wortbestand einander ähnlich sind. Die Lautähnlichkeit wird durch einen Mitklang im Abvers der ersten Zeile unterstützt:

I_1 Wenn in der Ferne x | x x x wohnend
$_2$ Wo in die Ferne   x |

III_1 Daß die x x | x x das
$_2$ Daß die x x |

Die zweiten (also geraden) Verspaare der Vierzeiler sind aus je zwei nebengeordneten Hauptsätzen gebildet und untereinander wort- und lautähnlich:

II_1 *Ist au*ch dab*ei* | *des* So*mmers*
$_2$ *Der* x x x

IV_1 *Ist au*s Vollkommenh*eit* | *des* H*immels*
$_2$ *Den* x x x

Der Bau des zweiten Vierzeilers ist verwickelter als der des ersten. Der zweite Satz in jedem Verspaar zerfällt hier wiederum in zwei Teilsätze, 1) adversativ – auf An- und Abvers verteilt im ersten Verspaar

III_2 daß die verweilt, | sie schnell vorübereilen,

2) vergleichend – auf beide Abverse verteilt im zweiten Verspaar:

IV_1 | x x x Höhe glänzet ||
$_2$ | wie x x Blüth' umkränzet. ||

Eine syntaktische Abgrenzung der Halbverse (3 Kommas) und ein Enjambement innerhalb des letzten Verspaares hängen damit zusammen. – Zur Bedeutsamkeit der Interpunktion für Hölderlin vergleiche man Wilhelm Waiblingers Angabe, wie ihm der Dichter seinen *Hyperion* mit großem Pathos vorzutragen pflegte und dann plötzlich hinzusetzen konnte: »Sehen Sie, gnädiger Herr, ein Komma!« (*H* VII/3, Nr. 499, S. 66).

In drei Zeilen des Gedichts umfaßt der Anvers je sechs, in den übrigen fünf Zeilen je vier Silben: somit sind in den acht jambischen Zeilen mit weiblicher Endung drei ›sechsfüßige‹ Langverse und fünf ›fünffüßige‹ Kurzverse zu unterscheiden.

Hölderlins späteste Gedichte bekunden eine beinahe ausnahmslose Vorliebe für jambisches Versmaß mit einer Schwankung zwischen derartigen sechs- und fünffüßigen Zeilen. Die Stuttgarter Erläuterungen (*H* 915) vermerken den Reim *blinkt / sinkt* im Gedicht *Der Winter* (*Wenn blaicher Schnee . . .*), um das Jahr 1841 entstanden, als Hölderlins »einzigen männlichen Reim seit etwa 1830«, den man übrigens eher als *blinket / sinket* deuten dürfte, vgl. z. B. *Die Aussicht* IV *glänzet / kränzet*.

Beide Vierzeiler des Gedichtes enden mit einem Kurzvers. In jedem Vierzeiler haben die beiden Anfangsverse (also die beiden Zeilen jedes ungeraden Verspaares) gleiche Silbenzahl: es sind Langverse im ersten Vierzeiler (I_{1-2}) und Kurzverse im zweiten Vierzeiler (III_{1-2}). Der Übergang vom ersten Verspaar zum dritten Vers der Vierzeiler ist durch einen Wechsel der Silbenzahl ausdrücklich angezeigt, nämlich der Langvers I_2 wird durch den Kurzvers II_1 abgelöst, und der Kurzvers III_2 durch den Langvers IV_1. Nur im Schlußvers haben beide Vierzeiler eine identische Silbenzahl ($II_2 = IV_2$), während ihre ersten drei Verse sich in einem antisymmetrischen Verhältnis zueinander befinden: zwei Langverse (I_{1-2}) denen ein Kurzvers (II_1) folgt, stehen zwei Kurzversen (III_{1-2}) und einem folgenden Langvers (IV_1) gegenüber.

I_1	Wenn in	die	Ferne	geht	| der Menschen wohnend Leben,	‖
$_2$	Wo in	die	Ferne	sich	| erglänzt die Zeit der Reben,	‖
II_1		Ist	auch	dabei	| des Sommers leer Gefilde,	‖
$_3$		Der	Wald	erscheint	| mit seinem dunklen Bilde.	‖
III_1		Daß	die	Natur	| ergänzt das Bild der Zeiten,	‖
$_2$		Daß	die	verweilt,	| sie schnell vorübergleiten,	‖
IV_1	Ist	aus	Vollkommenheit,		| des Himmels Höhe glänzet	‖
$_2$		Den	Menschen	dann,	| wie Bäume Blüth' umkränzet.	‖

Der schließende Kurzvers in beiden Vierzeilern unterscheidet sich von den übrigen Zeilen durch den starken nominalen Akzent der Anfangshebung II$_2$ *Der Wald* und IV$_2$*Den Menschen*) und durch zwei betonte monophthongische *á* ohne Gegenstück in den übrigen Zeilen (II$_2$ *Wáld* – IV$_2$ *dánn*). Den Übergang vom ungeraden zum geraden Verspaar vermerkt Hölderlins Handschrift durch die Übertragung des Abverses auf eine eigene Zeile. Einzig in diesen Fällen macht der Verfasser inmitten der Seite halt (I$_2$-II$_1$ und III$_2$), z. B.:

I$_2$ Wo in die Ferne sich
   erglänzt die Zeit der Reben,
II$_1$ Ist auch dabei
   des Sommers leer Gefilde,

Jedes Verspaar ist durch einen Paarreim verbunden, und nicht nur der Lautbestand, sondern auch der grammatische Bau dieser Reime betont einerseits die Differenz zwischen den Verspaaren jedes Vierzeilers und andererseits den Parallelismus beider Vierzeiler. Während die reimenden Wörter II$_{1-2}$ *Gefilde* (Nom.) – *Bilde* (Dat.) sich morphologisch nur durch den Kasus unterscheiden, sind im Reim I$_{1-2}$ *Leben – der Reben* Hauptwörter verschiedener Kasus (Nom.–Gen.), Zahlen (Sg.–Plur.) und Geschlechter (Neut.–Fem.) verbunden. Gleichgerichtet, aber noch viel schärfer ist der Gegensatz der beiden Reime im zweiten Vierzeiler. Der Reim IV$_{1-2}$ *glänzet – umkränzet* vereinigt zwei morphologisch gleichartige Zeitwörter, wogegen das vorhergehende Paar III$_{1-2}$ *der Zeiten – vorübergleiten* ein Hauptwort und ein Verbum konfrontiert. Dabei sind Übereinstimmungen der Lage zwischen zwei Verspaaren verschiedener Vierzeiler durch gemeinsame Züge der Reime angedeutet, im besonderen die gleichlautenden Endungen -*en* in allen vier Reimwörtern der ungeraden Verspaare (I$_1$*Leben*–$_2$*Reben* und III$_1$ *Zeiten* – $_2$*vorübergleiten*) sowie die Gegenüberstellung eines präfigierten und eines baren Stammes in den geraden Verspaaren (II$_1$*Gefilde* –$_2$*Bilde* und in umgekehrter Folge IV$_1$*glänzet* – $_2$*umkränzet*). Alle vier Reime sind auf vorderen Vokalen aufgebaut, und die Reime der beiden geraden Verspaare (II$_1$ *Gefilde* – $_2$*Bilde* und IV$_1$ *glänzet* – $_2$*umkränzet*) sind kurzvokalisch im Gegensatz zu den Langvokalen und Diphthongen der beiden ungeraden Reimpaare (I$_1$ *Leben* – $_2$*Reben* und III$_1$ *Zeiten* –$_2$*vorübergleiten*).

Neben dem Gegensatz zwischen den ungeraden (I, III) und geraden (II, IV) Verspaaren wird auch eine Differenz zwischen den äußeren (I, IV) und inneren (II, III) Verspaaren angezeigt: die Wechselreihe der Stützliquidae *l/r* vor dem betontenVokal in den Reimen der beiden äußeren Verspaare stimmt überein (I₁*Leben* – ₂*Reben* und IV₁ *glänzet* – ₂*umkränzet*).

Eine merkwürdige Präzision, mit welcher Hölderlin hier alle inneren Senkungen in An- und Abvers behandelt, bezeugt seine erhöhte Empfindlichkeit für die künstlerische Eigenart der Zeilen innerhalb der Verspaare sowie der Verspaare innerhalb der Vierzeiler und der Vierzeiler im Bezug zum achtzeiligen Ganzen. Jede Silbe der inneren Senkungen ist grammatisch (und zwar morphologisch oder syntaktisch) einer der zwei Nebensilben untergeordnet. Falls die unterordnende Rolle der folgenden Hebung gehört, bezeichnen wir die Senkung als Vorsilbe, falls sie aber der vorangehenden Hebung untergeordnet ist, darf so eine Senkung als Nachsilbe bezeichnet werden.

Die vorletzte Silbe der Anverse ist die einzige innere Senkung, die den zwei- und dreifüßigen Anversen gemeinsam ist. Die Senkung behauptet sich als Nachsilbe in den beiden äußeren Verspaaren (I₁*Ferne* ┊*geht*, ₂*Ferne* ┊*sich;* IV₁ *Vollkommen* ┊ *heit*, ₂*Menschen* ┊ *dann*) und als Vorsilbe in den beiden inneren Verspaaren des Gedichts (II₁ ┊*dabei*, ₂ ┊*erscheint;* III₁ ┊*Natur*, ₂ ┊*verweilt*). Die Grenzen der beiden Verspaare innerhalb der Vierzeiler sind hiermit umrissen. Die vier zuletzt erwähnten Zweisilbler der inneren Verspaare gehören zu den sechs ›jambischen Wörtern‹ des ganzen Gedichtes, und alle sechs schließen unmittelbar an den Einschnitt an. Die übrigen zwei Fälle, die den Abversen angehören (I₂ *erglänzt*, III₁ *ergänzt*) sollen unten besprochen werden.

Der Abvers enthält zwei innere Senkungen auf seiner dritten und fünften Silbe. Alle drei ständig inneren Senkungen (die eine des Anverses und die beiden des Abverses) sind in der Anfangszeile des Gedichts durch Nachsilben besetzt gemäß dem generellen Hang zu ›trochäischen Wörtern‹, der den Anfangsvers im Gegensatz zu den übrigen Zeilen bestimmt.

Die erste innere Senkung des Abverses (seine dritte Silbe) ist Nachsilbe in allen vier Zeilen der geraden Verspaare (II₁ | *des*

Sommers ⋮, ₂ | *mit seinem* ⋮, IV₁ | *des Himmels* ⋮, ₂ *wie Bäume* ⋮), wogegen die Zeilen der ungeraden Verspaare eine Vorsilbe aufweisen (I₂ | *erglänzt* ⋮ *die Zeit,* III₁ | *ergänzt* ⋮ *das Bild,* ₂ | *sie schnell* ⋮ *vorübergleiten*) mit Ausnahme der Anfangszeile, die auch hier eine Nachsilbe bevorzugt *(Menschen* ⋮) – vielleicht in Anlehnung an die weitere Nachsilbe *(wohnend* ⋮) – und die den Gegensatz zur zweiten Zeile dadurch verdoppelt (I₁ | *der Menschen* ⋮ *wohnend* ⋮ *Leben –* ₂ | *erglänzt* ⋮ *die Zeit* ⋮ *der Reben*). Im Ganzen sichert und verschärft die Verteilungsregel für die erste Senkung des Abverses vor allem den markanten Gegensatz zwischen den Grenzzeilen aller benachbarter Verspaare, und von diesem Gesichtspunkt aus ist die innere Gliederung der Anfangszeile gleichgültig, da dieser Zeile nichts vorangeht.

In der ersten Senkung der Abverse ist die Grenze zwischen einem ungeraden und dem folgenden geraden Verspaar durch einen Übergang von einer Vorsilbe zu einer Nachsilbe signalisiert, wogegen die Grenze zwischen einem geraden und dem folgenden ungeraden Verspaar durch einen Übergang von Nach- zu Vorsilbe angezeigt wird.

Im Gegensatz zur ersten inneren Senkung des Abverses, die die Zeilen desselben Verspaares einander anzugleichen sucht, wird in seiner zweiten Senkung eine ausnahmslose Dissimilation durchgeführt: Vorsilben und Nachsilben alternieren innerhalb des Verspaares, wobei zwischen den Mitgliedern jedes gepaarten Reimes natürlich ein Abstand erscheint. (Zum Reimungsspiel der morphologischen Grenzen in gegenübergestellte Nach- und Vorsilben vgl. das 1842 geschriebene Gedicht *Der Sommer (H* 301): II₁ *Dämme* ⋮ *rungen –* ₂*hinab* ⋮ *geschlungen,* III₁*umher* ⋮ *gebreitet –* ₂*hinunter* ⋮ *gleitet.*)

Durch einen regelmäßigen Wechsel der Vor- und Nachsilben in der zweiten Senkung des Abverses werden nicht nur die Nachbarzeilen innerhalb der Verspaare, sondern auch die der beiden Vierzeiler voneinander geschieden. Es wird hiermit die Eigenart der Verse innerhalb der Paare und die der Vierzeiler innerhalb des Gedichts deutlich hervorgehoben, wogegen innerhalb der Vierzeiler die Verspaargrenze assimilierend, ausgleichend behandelt ist.

Der Vergleich zweier innerer Senkungen, der im Anvers *(An)* und der am Ende des Abverses *(Ab₂),* zeigt, daß beim Übergang von einer Zeile zur anderen der Wechsel zwischen Vor-

und Nachsilbe ($\sim$) und der unveränderte Status der Senkung ($=$) in einer diametral verschiedenen Weise verteilt sind:

		An	*Ab*
I_1 $-$ I_2		$=$	$\sim$
I_2 $-$ II_1		$\sim$	$=$
II_1 $-$ II_2		$=$	$\sim$
II_2 $-$ III_1		$=$	$\sim$
III_1 $-$ III_2		$=$	$\sim$
III_2 $-$ IV_1		$\sim$	$=$
IV_1 $-$ IV_2		$=$	$\sim$

Die zweite innere Senkung des Abverses erweist sich als Nachsilbe im ersten und im letzten Verse des ersten Vierzeilers (I_1 *wohnend ⋮ Leben* ||, II_2 *dunklem ⋮ Bilde* ||) und als Vorsilbe in dessen zweitem und zweitletztem Vers (I_2 *Zeit ⋮ der Reben* ||, II_1 *leer ⋮ Gefilde* ||); ein ähnliches Spiegelbild erscheint im nächsten Vierzeiler: eine Vorsilbe tritt im ersten und letzten Verse auf (III_1 *Bild ⋮ der Zeiten* ||, IV_2 *Blüth' ⋮ umkränzet* ||), und eine Nachsilbe im zweiten und zweitletzten Vers (III_2 *vorüber ⋮ gleiten* ||, IV_1 *Höhe ⋮ glänzet* ||). In jedem Halbvers ist diejenige innere Senkung, die sich seiner letzten Hebung anschließt (also *An* und Ab_2) dadurch gekennzeichnet, daß in ihren Spielarten beide Vierzeiler einander folgerichtig entgegengesetzt sind: jeder Vorsilbe des einen entspricht eine Nachsilbe in dem anderen.

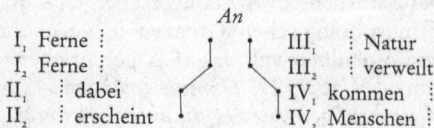

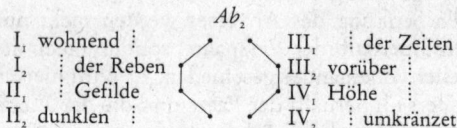

An

I_1 Ferne ⋮		III_1 ⋮ Natur
I_2 Ferne ⋮		III_2 ⋮ verweilt
II_1 ⋮ dabei		IV_1 kommen ⋮
II_2 ⋮ erscheint		IV_2 Menschen ⋮

Ab_2

I_1 wohnend ⋮		III_1 ⋮ der Zeiten
I_2 ⋮ der Reben		III_2 vorüber ⋮
II_1 ⋮ Gefilde		IV_1 Höhe ⋮
II_2 dunklen ⋮		IV_2 ⋮ umkränzet

Die erste innere Senkung des Abverses (Ab_1), mit Ausnahme der Anfangszeile (s. oben), entfaltet in beiden Vierzeilern dasjenige Verteilungsschema der Vor- und Nachsilben, welches der inneren Senkung des Anverses, jedoch nur beim zweiten Vierzeiler, gleichfalls eigen ist.

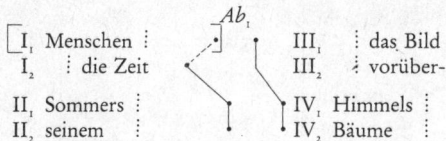

$$I_1 \text{ Menschen} \qquad Ab_1 \qquad III_1 \text{ das Bild}$$
$$I_2 \text{ die Zeit} \qquad\qquad III_2 \text{ vorüber-}$$
$$II_1 \text{ Sommers} \qquad\qquad IV_1 \text{ Himmels}$$
$$II_2 \text{ seinem} \qquad\qquad IV_2 \text{ Bäume}$$

Somit hält die erste Senkung des Abverses eine Zwischenstellung in Bezug auf die zwei übrigen inneren Senkungen.

III. Wortarten

Verben

Die zehn Verben des Gedichts sind Präsentia der dritten Person und schließen sich alle zehn einer obligaten Grenze unmittelbar an: fünf lehnen sich an die Versgrenze und fünf an die Halbversgrenze. Fünf gehören zum Anvers und fünf zum Abvers. Fünf Verben befinden sich in den ungeraden (I, III) und fünf in den geraden Verspaaren (II, IV). Sowohl die äußeren (I, IV) als auch die inneren Verspaare (II, III) enthalten je fünf Verben. Zwei Verben eröffnen und drei schließen einerseits die Anverse, andrerseits die Abverse. Im ersten Vierzeiler sind vier Verben, je eins pro Zeile, vertreten, im zweiten Vierzeiler gibt es sechs. Zwei schließende Verben der äußeren Verse des ersten Vierzeilers (I₁ *geht*, II₂ *erscheint*) stehen den zwei eröffnenden Verben seiner inneren Verse gegenüber (I₂ *erglänzt*, II₁ *Ist*). Je ein Verb enthalten alle Abverse des zweiten Vierzeilers und außerdem beide Anverse seiner inneren Zeilen.

Der zweite Vierzeiler unterscheidet sich nicht nur durch die höhere Anzahl der Verben in seinen inneren Versen, sondern auch durch die einzigen zwei transitiven Verben in seinen äußeren Versen (III₁ *ergänzt das Bild*, IV₂ *Bäume . . . umkränzet*), die er neben den vier intransitiven Verben jedes Vierzeilers zusätzlich hat. Die folgende Tabelle erläutert die Verteilung der Verben im Gedicht:

Hölderlin, der die Wortinversion für die dichterische Periode hoch einschätzte (s. *H* IV 233), reiht die Verben in wirksame, übereinstimmend gebaute Aufeinanderfolgen ein. Solche Folgen kommen vor allem durch asyndetische Beiord-

I_1		geht	
2			erglänzt
II_1	Ist		
2		erscheint	
III_1			ergänzt
2		verweilt	vorübergleiten
IV_1	Ist		glänzet
2			umkränzet

nung gleichrangiger Elementarsätze zustande. Der innere und zwischenstrophische Parallelismus der beiden vierzeiligen Satzgefüge, mit deren Divergenzen verflochten, macht die dramatische Spannung des gesamten Gedichtes aus. Die zwei parataktischen Nebensätze des ersten Verspaares sind durch die zwei gleichfalls parataktischen Hauptsätze des zweiten Verspaares beantwortet. Die grundsätzlich ähnliche Beziehung zwischen den beiden Hälften des letzten Vierzeilers wird verwickelter durch den Zerfall dieser Verspaare in dreisätzige Folgen. Gleich den zwei Zeilen des ersten Verspaares sind beide Zeilen des dritten Verspaares syntaktisch beigeordnet, aber der zweite Vers des letzten Paars teilt sich wiederum in zwei – und zwar stofflich adversative – Sätze (III_2 *Daß die verweilt,* | *sie schnell vorübergleiten*). Gleich dem zweiten Verspaar des Gedichtes steht sein viertes Verspaar in einem syntaktisch unterordnenden Verhältnis zum vorangehenden Verspaar, doch zum Unterschied vom zweiten Verspaar ist das vierte Paar in Übereinstimmung mit dem dritten Paar in drei Sätze geteilt. Ein anschauliches Beispiel von Spiegelsymmetrie entsteht zwischen den beiden Hälften des letzten Vierzeilers: je ein Verb in dessen inneren Versen (III_2 und IV_1) und je eins (das einzige transitive) in seinen äußeren Versen, wobei der erste und der letzte Abvers des Vierzeilers durch diese beinahe gleichklingenden Verben eröffnet bzw. geschlossen werden und das direkte Objekt dem ersten Verb folgt und dem zweiten vorangeht (III_1 | *ergänzt das Bild* – IV_2 *Bäume . . . umkränzet* ||). Der Übergang vom letzten satzbildenden Halbvers des ersten Verspaars zum ersten, gleichfalls satzbildenden Halbvers des folgenden Paars ist durch die nebenbetonten Hebungen am Schlusse dieser beiden Halbverse ausgezeichnet (III_2 *vorübergleiten* || – IV_1 *Vollkommenheit* | , wogegen in den vierzehn übrigen Halbversen des

Gedichts die letzte Hebung mit der Hauptbetonung der Wörter zusammenfällt.

Jedes Verspaar des letzten Vierzeilers besteht aus drei Sätzen, deren einer zwei Halbverse füllt, während die zwei anderen Sätze je einen Halbvers besetzen. Aber die Verteilung der drei Sätze ist in den beiden Verspaaren verschieden: im dritten Verspaar geht der lange, aus einem Anvers und einem Abvers bestehende Satz den zwei kurzen Sätzen voran; beim langen Satz des vierten Verspaars dagegen folgt der Anvers auf den Abvers, und die kurzen Sätze umringen den langen. Dieser Unterschied zwischen den zwei Folgen – Anvers/Abvers und Abvers/Anvers – darf als Ausdruck der Spiegelsymmetrie aufgefaßt werden. Die syntaktische Eigentümlichkeit kommt zustande durch einen Rückgang vom Hauptsatz zu einem Komparativsatz als dem schließenden Abvers der *Aussicht* (IV$_2$ | *wie Bäume Blüth' umkränzet* ||).

Vor dem ebenmäßigen Hintergrund völliger Übereinstimmung treten mit besonderer Deutlichkeit die Abwandlungen hervor, z. B. die dynamische Erhöhung der Verbenzahl von vier auf sechs im zweiten Vierzeiler im Vergleich mit dem ersten oder ein ähnliches Übergewicht der sechs schließenden über die vier öffnenden Verben. Ein besonderer Sprung ist der Anstieg der Verbenzahl von eins auf vier in den Abversen der beiden Vierzeiler. Diese steigenden Linien deuten die Entwicklung des dichterischen Themas an. Die drei Endzeilen – mit ihren Neuerungen im Lautbestand, in der Länge der Wörter und im grammatischen Gehalt der Nomina (s. unten S. 55 f.) – werden durch die Ansammlung der Verben im Versschlusse gekennzeichnet, und diese Paroxytona, gegenüber den vorigen allesamt oxytonen Verbformen (vgl. bes. I$_2$ | *erglänzt* und IV$_1$ *glänzet* ||), bemächtigen sich der Reime (s. Schema S. 42).

Jedes von den geraden Verspaaren beginnt mit einem Verb des Seins und füllt damit die Vorschlagsilbe der zwei Anfangszeilen aus (II$_1$ und IV$_1$ *Ist*). Die acht übrigen sich dem Einschnitt und dem Versende anschließenden Verben vom ersten Anvers bis zum letzten Abvers bilden ein wunderliches Geflecht von mannigfaltigen morphologischen und paronomastischen Zusammenhängen, die die Triebkraft der *Aussicht* aufdecken in Übereinstimmung mit des Dichters Begriffsbestimmung des Lyrischen: »Es ist eine fortgehende Metapher Eines Gefühls« (*Über den Unterschied der Dichtarten, H IV 266*).

»In lyrischen Gedichten fällt der Nachdruk auf ... das Verweilen« (*ibid*. 267) und demgemäß heißt es III$_1$ *die Natur* – die in der *Aussicht* als eine Äußerung der Vollkommenheit aufgefaßt wird (IV$_1$ *Ist aus Vollkommenheit*) – IV$_2$ *verweilt* im Gegensatz zu den schnell vorübergleitenden Jahreszeiten und zum in die Ferne schwindenden menschlichen Leben. Es ist hier an Hölderlins Lehre zu erinnern: »Ist die Bedeutung ein eigentlicherer Zwek, so ist der Ausdruk sinnlich, die freie Behandlung metaphorisch« (*Über die Verfahrungsweise des poëtischen Geistes, H IV 244*). Die »äußerste Spannung« des doppelten »Widerstreits«, den *Die Aussicht* darstellt, findet ihren konkreten sprachlichen Ausdruck einerseits in der »Zusammenstellung« der zwei mit *ver-* und *vor-* beginnenden Verben derselben Zeile – III$_2$*verweilt* | und *vorübergleiten* || –, die neben dem Gegensatz ihrer Numeri eine auffallende Lautmetathese in ihren Wurzeln an den Tag legen (*-eilt / -leit-*). Andererseits äußert sich der semantische Übergang von Trennung zur Einheit im Verschmelzen der einst gesonderten Bruchstücke zu einer festen Worteinheit: I$_1$*in die Ferne* (fer-) *geht* (-t) | – III$_2$ *verweilt* (fer...t) |.

Die durch ihre Präfixe verwandten und an den Einschnitt sich lehnenden Verben I$_2$ | *erglänzt* und II$_2$ *erscheint* | sind in eine Art von Oxymoron eingewebt: eine Widerspruchspannung verbindet das Erglänzen mit dem auslöschenden Effekt der räumlichen und zeitlichen Ferne, und der »Schein« als die innere Form des Verbs im Anvers II$_2$ *Der Wald erscheint* stößt zusammen mit dem zielbewußt dissonierenden *dunklen Bilde* des Abverses. Der enge Zusammenhang desselben Verbs mit Licht kommt zum Vorschein in dem Achtzeiler *Der Winter (Das Feld ist kahl)* (*H* 296), welcher in seinem übrigen lexikalen Bildwerk der *Aussicht* nahesteht: I$_1$ *glänzet* ||$_2$ *Der blaue Himmel nur* | ... II$_1$*Erscheinet die Natur* ...$_2$ *von Helle nur umkränzet.* || III$_2$ ... *in heller Nacht umgeben* || *Wenn hoch erscheint* | *von Sternen das Gewimmel,* || (vgl. Thürmer, 54 f.).

Der Lautbestand der Form I$_2$ *erglänzt*, d. h. des ersten Verbs in den Abversen der *Aussicht*, findet eine bedeutsame paronomastische Fortsetzung in allen weiteren Verben der Abverse und manchen angrenzenden Satzgliedern. Der unausbleiblich begleitende Umstand des in Entfernung verlorengehenden Glanzes, II_1 *leer Gefilde,* entspricht dem Lautgewebe der oberen Zeile I_2 *die Ferne ... erglänzt.* Das *dunkle Bild* des Vergänglichen, das als Schluß des ersten Vierzeilers auftritt, wird in der folgenden Strophe aufgehoben und im Sinne der philosophierenden Worte des Dichters (*H* IV 251) durch »die Vergegenwärtigung des Unendlichen« ersetzt: III_1 *die Natur ergänzt das Bild der Zeiten.* ›Ergänzen‹ bedeutet hier, dem Sinn der Wurzel entsprechend, in ein Ganzes verwandeln, eine Einheit hervorbringen. Im Parallelismus der Gefüge – I_2 *erglänzt die Zeit der Reben* und III_1 *erglänzt das Bild der Zeiten* – mit ihren beinahe gleichlautenden Verben wird *die Zeit* vom grammatischen Subjekt zum Genitiv-Attribut des Objektes herabgesetzt: *das Bild der Zeiten.* Und wenn die letzteren III_2 *vorübergleiten,* wiederholen die Konsonanten dieses Verbes (rgl..t.n) die des lautlich ähnlichen I_2 *erglänzt* (rgl.n.t). Außerdem teilen die Verben I_2 *erglänzt* und III_1 *ergänzt* ihren Konsonantismus mit den Substantiven derselben Zeilen I_2 *Zeit* und besonders III_1 *Zeiten.* Im letzten Vierzeiler erhält das Ende des ersten Verses III_1 *Zeiten* einen Widerhall im Auslaut (-nzet) des *Die Aussicht* schließenden Reimes IV_1 *glänzet –* $_2$ *umkränzet.* Die verbale Kette und ihr paronomastischer Zierat enden mit diesem Reim. Das Verb der zweitersten Zeile (I_2 *erglänzt*) kehrt präfixlos zurück am Schluß des zweitletzten Verses (IV_1 *glänzet*). Der glanzevozierende Stamm dieser beiden Zeitwörter umkränzt das gesamte Gedicht in einer engen Übereinstimmung mit einem der bedeutsamsten aus Hölderlins Homburger Aufsätzen – *Das Werden im Vergehen* –, wonach »der sichere unaufhaltsame kühne Act« darin besteht, daß »jeder Punct in seiner Auflösung und Herstellung mit dem Totalgefühl der Auflösung und Herstellung unendlich verflochtener ist, und alles sich ... unendlicher durchdringt, berühret und angeht und so ein himmlisches Feuer [*des Himmels Höhe glänzet*] statt irrdischem [*erglänzt die Zeit der Reben*] wirkt« (*H* IV 284). Wie mehrmals betont wurde (s. besonders Pellegrini, 327) liegt in Hölderlins theoretischem Nachlaß der Kern »seiner Dichtungslehre, welcher der Stil als Ausdrucksmittel folgt«.

Substantive

Von den beiden Vierzeilern enthält jeder elf Substantive, und zwar gibt es im ersten zehn Nomina und ein substantivisches Pronomen (I_2 *sich*) und im letzten Vierzeiler neun Nomina und zwei substantivische Pronomina (III_2 *die* und *sie*). Von den 22 Substantiven fallen 17 auf den Singular und von den drei Genera ist das Femininum durch eine absolute Mehrheit vertreten, nämlich zwölf Einzelfälle gegen sechs Maskulina und vier Neutra. Der Anfangsvers exponiert alle drei Genera (F + M + N): I_1 *Wenn in die Ferne geht der Menschen wohnend Leben.* In I_2 gibt es kein anderes Genus als das viermal bezeugte Femininum, falls man das auf *die Zeit* verweisende reflexive Pronomen *sich* hinzurechnet. Das Femininum verschwindet im zweiten Verspaar und wird durch die zwei übrigen Genera ersetzt (je zwei Maskulina und Neutra). Die sieben Feminina des letzten Vierzeilers stoßen im dritten Verspaar auf ein vereinzeltes Neutrum und im vierten auf drei Maskulina. Somit ist jedes Genus in drei Verspaaren vorhanden: Femininum in I, III, IV, Maskulinum in I, II, IV, Neutrum in I, II, III. Den beiden Verspaaren des ersten Vierzeilers sind bloß Maskulinum und Neutrum gemeinsam, wogegen den beiden Verspaaren des zweiten Vierzeilers einzig das Femininum gemeinsam ist.

Der Nominativ, im Gedichte der gewichtigste und häufigste, neunmal bezeugte grammatische Kasus, ist im Plural nur durch das auf III_1 *Zeiten* verweisende Pronomen III_2 *sie* vertreten, – in der einzigen Zeile, die keine Nomina enthält und aus zwei vollen Sätzen besteht, deren jeder mit einem anaphorischen pronominalen Subjekt versorgt ist, und diese beiden Sätze sind in Numerus und sachlichem Bestand einander entgegengesetzt. Die fünf Nominative des zweiten Vierzeilers, beginnend mit seinem eigenen Grundthema – III_1 *die Natur* –, gehören ausnahmslos zum femininen Geschlecht, wogegen unter den Nominativen des ersten Vierzeilers nur ein einziges Femininum, I_2 *die Zeit*, zutage tritt. Die augenscheinliche semantische Ladung dieses grammatischen Kontrastes zwischen den beiden Teilen des Achtzeilers soll später besprochen werden.

Die fünf Genitive des Gedichts, alle adnominal, erscheinen in beiden Zeilen des ersten und je einmal in den übrigen Verspaaren. Die fünf Verbindungen dieser Genitive mit den übergeordneten Wörtern im Nominativ oder (III₁) Akkusativ erfassen zehn, d. h. über die Hälfte der im Gedicht auftretenden 19 Nomina. Ihrer Lage im Texte nach entfalten die fünf Verbindungen streng symmetrische Verhältnisse. Alle fünf sind den Abversen zugeteilt, und der Genitiv schließt sich unmittelbar an eine Abversgrenze. Entweder hält der Genitiv eine Anfangsstellung vor dem übergeordneten Nomen oder im Gegenteil eine Endstellung, und das übergeordnete Wort geht ihm dabei voran. Diese zwei Spielarten alternieren vollkommen regelmäßig: I₁ *der Menschen wohnend Leben* – I₂ *die Zeit der Reben,* – II₁ *des Sommers leer Gefilde,* – III₁ *das Bild der Zeiten,* IV₁ *des Himmels Höhe*. Der Genitiv mit seinem Artikel bildet stets einen paroxytonen Dreisilbler.

Der Genitiv ist entweder feminin oder maskulin, das übergeordnete Wort feminin oder neutral. Der Genitiv ist maskulin in Anfangsstellung (I₁, II₁ und IV₁), feminin in Endstellung (I₂ und III₁). In den ungeraden Verspaaren (I₁,₂ und III) gehört er dem Plural und in den geraden dem Singular zu.

Pl.	I_1	M	
			F
Sg.	II_1^2	M	
Pl.	III_1^2		F
Sg.	IV_1^2	M	
	₂		

Die dem Genitiv übergeordneten Nomina stehen konsequent im Singular, und was deren Genus betrifft, alternieren – separat in jedem Vierzeiler – das Neutrum und das Femininum: im ersten Vierzeiler I₁ *Leben* – I₂ *Zeit* – II₁ *Gefilde* und im zweiten III₁ *Bild* – VI₁ *Höhe*. Somit entsprechen im ersten Vierzeiler das übergeordnete und das untergeordnete Nomen einander im Genus – einerseits die zwei Feminina, andererseits die zwei Non-Feminina (Neutrum und Maskulinum), wogegen im zweiten Vierzeiler die Genera der übergeordneten und untergeordneten Nomina zwei gegensätzliche Richtungen des Kontrasts Femininum gegen Non-Femininum offenbaren.

$$\begin{array}{ll} \text{I}_1 & \text{N / M} \\ & \text{F / F} \\ \text{II}_1 & \text{N / M} \\ \hline \text{III}_1 & \text{N / F} \\ \text{IV}_1 & \text{F / M} \end{array}$$

Der Akkusativ und der Dativ kommen im Gedicht je viermal vor, je zweimal in jedem Vierzeiler, und beide sind je zweimal mit und ohne Präposition gebraucht. Die Anfangszeile des ersten Verspaars (I_1) enthält einen Akkusativ und die des Endpaars (IV_1) einen Dativ. Die zweite Zeile derselben Verspaare übernimmt denselben Kasus und gliedert ihn dann den andern an: so folgt der Dativ dem Akkusativ in I_2 und der Akkusativ dem Dativ in IV_2.

Dem ersten Verspaar folgt und dem letzten geht voran ein einziger Vers des betreffenden Vierzeilers (II_1 und III_2), welcher weder den Akkusativ noch den Dativ besitzt. Von den zwei übrigen Zwischenzeilen hat der Endvers des ersten Vierzeilers (II_2) einen Dativ und der Anfangsvers des zweiten Vierzeilers (III_1) einen Akkusativ, so daß diejenigen vier Verse, welche einen einzigen von den zwei Kasus enthalten, parallel alternieren: I_1 Akk. – II_2 Dat. – III_1 Akk. – IV_1 Dat.

$$\begin{array}{ll} \text{I}_1 & \text{A} \\ & \quad \text{A D} \\ \text{II}_1 & - \\ & \quad \text{D} \\ \text{III}_1 & \text{A} \\ & - \\ \text{IV}_1 & \text{D} \\ & \quad \text{D A} \end{array}$$

Der zweimalige Akkusativ als direkter Objektkasus, von transitiven Verben regiert, ist einzig dem zweiten Vierzeiler eigen, wo er mit einem singularen femininen Subjekt und einem abweichenden Genus des Objekts auftaucht – III_1 *die Natur | ergänzt das Bild der Zeiten ‖ * IV_2 *Bäume Blüth' umkränzet ‖ * – im auffallenden Gegensatz zur gleichfalls zweimaligen, aber präpositionalen Konstruktion eines Akkusativs mit einem intransitiven Verb.

Die Aussicht benutzt zwei Fügungen mit dem freien Dativ,

eine von Hölderlins Lieblingswendungen (vgl. Pir'jan, 78) – einmal im letzten Verspaar IV$_1$ *des Himmels Höhe glänzet* || *den Menschen* und auch schon im ersten Verspaar, I$_2$ *sich* | *erglänzt die Zeit der Reben*, ||, ein pronominales Gegenstück zum nominalen Dativ. Die beiden Sätze weisen gegeneinander einen spiegelsymmetrischen Satzbau auf: am Ende – adnominaler Genitiv, Nominativ, Verb, nominaler Dativ, und am Anfang – pronominaler Dativ, Verb, Nominativ, adnominaler Genitiv, wobei das Verb abgesehen vom Präfix in beiden Fällen gleich ist und entweder durch den Einschnitt oder durch die Versgrenze vom betreffenden Dativ getrennt wird: I$_2$ *sich* | *erglänzt* – IV$_1$ *glänzet* || *Den Menschen*. Es ist zu vermerken, daß in beiden Fällen der freie Dativ einem Anvers und das Verb einem Abvers angehört.

Im ersten Vierzeiler folgt der präpositionale Dativ dem freien nach, der zweite Vierzeiler weist eine umgekehrte Ordnung auf. Kurz: im ersten Vierzeiler steht der freie Dativ am nächsten zum Anfang und im zweiten am nächsten zum Ende. Die Schlußzeile unterscheidet sich in einigen Hinsichten vom ganzen übrigen Text. In ihren beiden Halbversen besitzt sie Nomina, die unmittelbar von Verben abhängen: IV$_2$ Dat. *Den Menschen* und Akk. *Bäume*. Unter den adverbalen Nomina sind es die einzigen pluralen und die einzigen maskulinen Formen.

Determinative Wörter

Alle fünf adjektivischen Formen befinden sich im Innern der Abverse. Im ersten Vierzeiler handelt es sich um Bestimmungen der Nomina bei den echten Eigenschaftswörtern, beim Possessiv und beim Partizip (I$_1$ *wohnend Leben* ||, II$_1$ *leer Gefilde* ||, II$_2$ *seinem dunklen Bilde* ||). Der ausgeprägten Verbalität, die den zweiten Vierzeiler kennzeichnet, entspricht der Übergang zum adverbalen Gebrauch des Adjektivs (III$_2$ *schnell vorübergleiten*).

Der unbestimmte Artikel *ein* fehlt im Gedicht, wogegen der bestimmte Artikel zwölfmal vorkommt. Es entsteht dabei eine Neigung zur massenhaften Alliteration des anlautenden *d*, und indem noch sechs Wörter wie II$_1$ *dabei*, $_2$ *dunklen*, III$_1$

daß usw. hinzukommen, ergibt sich eine durchdringende Reihe von 18 derartigen Anlauten, je neun in jedem Vierzeiler:

```
 I   d  d
     d  d d
     d  d
     d  d
 II  d d  d d
     d d  –
       –  d
     d d  –
```

IV. Wortwiederholungen und geleitende Entsprechungen

Einschränkungen

Das Wiederkommen gleicher Wörter spielt eine bedeutsame Rolle im Bau des Gedichtes. Es gibt Wortwiederholungen weder innerhalb einer Zeile noch zwischen den Verspaaren desselben Vierzeilers. Außer den bestimmten Artikeln darf ein Wort höchstens einmal wieder aufgenommen werden. Zwischen den Zeilen eines Verspaars sind Wortwiederholungen nur dann zugelassen, wenn es sich um ungerade Verspaare handelt; das wiederholte Wort bleibt dabei unverändert ($I_{1,2}$ *in die Ferne*). Diejenigen Substantive und Verben hingegen, die im anderen Vierzeiler wiederholt werden, unterliegen dabei Modifikationen in ihrer grammatischen Form und Bedeutung (I_1*der Menschen* – IV_2*den Menschen*, I_2*die Zeit* – III_1*der Zeiten*, II_1 Dat. *Bilde* – III_1 Akk. *das Bild*, I_2*erglänzt* – IV_1*glänzet*, II_1*Ist dabei* – III_1*Ist*.

Von Vers zu Vers: *die Ferne*

Die beiden Anfangszeilen der *Aussicht* sind durch die Repetition des Wortgefüges *in die Ferne* im Anvers und des Gen. Plur. *der* im Abvers eng aneinandergeschlossenen und durch den parallelistischen Ansatz – $III_{1,\,2}$ *Daß* – des letzten Vierzeilers als der erste Teil eines zweistrophigen Gebildes vorgeführt.

Der Leitvers I_1*Wenn in die Ferne geht der Menschen*

wohnend Leben ist offenbar Widerhall eines früheren Werkes des erkrankten Hölderlin, welches sonderbarerweise »als Rollengedicht aus Diotimens Munde spricht« (*H* 262f. und 898): ₁*Wenn aus der Ferne, da wir geschieden sind*, . . . ₂*die Vergangenheit* . . . ₄*Einiges Gute bezeichnen dir kann*, . . . ₉*Das muß ich sagen, einiges Gute war* ₁₀*In deinen Bliken, als in den Fernen du* ₁₁*Dich einmal fröhlich umgesehen* ₁₂*Immer verschlossener Mensch, mit finstrem* ‖ *Aussehn. Die Aussicht* verflicht von Anfang an das Thema der *Ferne* mit dem Bilde des sich entfernenden, vergehenden *Menschen* und der vorübergleitenden, verfließenden *Zeiten* (Lebens-, Jahres- und Tageszeiten). Das Diotima zugeordnete Gedicht fährt fort: ₁₃*Aussehn. Wie flossen Stunden dahin*, . . . ₁₉*so ergeht es mir auch*, ₂₀*Daß ich Vergangenes alles sage.* ₂₁*Wars Frühling? War es Sommer?*

Im Nachlaß aus Hölderlins letzten Lebensjahren ist das ehemals bevorzugte alkäische Versmaß durch jambische Paarreime ersetzt, und die Pronomina der ersten und zweiten Person sowie die Verbformen der Vergangenheit sind zugunsten einer abstrakteren, distanzierenden, auf Abstand bedachten Aussageweise zurückgenommen. Doch der semantische und phraseologische Bestand des der Diotima zugesprochenen Gedichts wird in den letzten, dem fiktiven Scardanelli zugeschriebenen Entwürfen weiter entwickelt und verdichtet, wie es besonders *Die Aussicht* zeigt. Ihr steht *Der Sommer (Die Tage gehn vorbei)*, aus dem Juli 1842 stammend, am nächsten (*H* 301):

> III Der Wälder Schatten sieht umhergebreitet,
> Wo auch der Bach entfernt hinuntergleitet.
> IV Und sichtbar ist der Ferne Bild in Stunden,
> Wenn sich der Mensch zu diesem Sinn gefunden.

Das Geflecht des zeitlichen I₁ *Wenn* und des räumlichen I₂ *Wo* im *Aussicht*gedicht entspricht der Wechselreihe dieser Bezugsworte in den Anfangssilben der vier geraden Zeilen des *Sommer*gedichtes: I₂ *Wenn* – II₂ *Dort, wo* – III₂ *Wo* – IV₂ *Wenn. Der Sommer* mit seinen Hinweisen auf die vorbeigehenden Tage (I₁) und seinen Sichten auf die umhergebreiteten Schatten der Wälder (III₁) sowie auf das entfernte Hinuntergleiten des Baches (III₂) und schließlich in seinem Glauben, daß für den

Menschen, der zu all *diesem* dessen *Sinn* gefunden hat (IV₂), das Bild der Ferne im selbigen Gange der Stunden sichtbar ist (IV₁), erinnert unvermeidlich an *Die Aussicht* und steht im Einklang mit ihren Wort- und Sinnvereinigungen. Was die Auslese der Schlüsselworte betrifft, können z. B. *Der Sommer* mit seinem letzten Verspaar – . . . *der Ferne Bild in Stunden, Wenn sich der Mensch* . . . – und *Die Aussicht* mit den ersten Zeilen der beiden Vierzeiler – I₁ *Wenn in die Ferne geht der Menschen* . . . und III₁ *das Bild der Zeiten* – verglichen werden.

Mit besonderem Scharfsinn wurde »eines der zentralen Motive in Hölderlins Schaffen, vielleicht sogar ein Schlüssel zu seiner ganzen Denkweise« durch den Psychoanalytiker Laplanche (1969) aufgedeckt, nämlich die Abstandsdialektik, die der Nähe und Ferne: »C'est vers une problématique de l'éloignement que va s'orienter toute l'œuvre ultérieure« des Dichters, der, nach seinem eigenen Spruche, ₇₅ *Fernes Nahem vereinte* (*Der Archipelagus, H* 105). Der Forscher verweist auf den Psychotherapeuten Matussek, welcher das ständige Schwanken des Schizophrenen zwischen äußerstem Entfernen und Heranrücken besprochen hat (vgl. Häussermann, 104).

Von Strophe zu Strophe

In Hölderlins Werken aus seinen letzten Jahren ist der Wortschatz wesentlich beschränkt und festgelegt. In den zweiunddreißig Gedichten von der ersten, um das Jahr 1830 entstandenen *Aussicht* (*H* 281) bis zur letzten *Aussicht* aus dem Todesjahr und samt dem Vierzeiler *Überzeugung* von 1841 (*H* 360, 276 ff.) gibt es beinahe 200 verschiedene Nomina, die im Ganzen 700 mal vorkommen. 19 Substantive des erwähnten Vorrats sind mindestens je achtmal bezeugt. Von den 15 verschiedenen Nomina der letzten *Aussicht* gehören acht zu dieser Gruppe: ›Mensch‹ (58 Vorkommen in des Dichters Schlußperiode), ›Leben‹ (30 Vorkommen), ›Natur‹ (20), ›Himmel‹ (13), ›Zeit‹ und ›Bild‹ (je 12), ›Sommer‹ und ›Blüthe‹ (je 8).

Drei von diesen Nomina sind im Gedicht je zweimal gebraucht; dasselbe Nomen tritt in jedem der beiden Vierzeiler auf, wobei eine Variante im Gegensatz zur anderen sich an die Versgrenze anschließt. Allen drei Paaren liegt ein Polyptoton zugrunde, und zwar ist entweder der Kasus allein (I_1 Gen. *der Menschen* – IV_2 Dat. *Den Menschen*; II_2 Dat. *Bilde* – III_1 Akk. *das Bild*) oder Kasus samt Numerus (I_2 Nom. Sing. *die Zeit* – III_1 Gen. Pl. *der Zeiten*)) verändert. Jedes von diesen drei Wörtern verhält sich in drei Hinsichten ganz anders als die zwei übrigen. IV_2 *Dem Menschen* wurde in der Handschrift durch *Den Menschen* ersetzt (*H* 926) und die Vokabel ›Mensch‹ kommt so einzig im Plural vor, ›Bild‹ im Singular und ›Zeit‹ in beiden Numeri. Alle drei Wörter sind voneinander im Genus unterschieden. ›Mensch‹ umspannt das Gedicht, indem es das erste Verspaar des ersten Vierzeilers mit dem letzten Verspaar des letzten Vierzeilers verbindet; ›Bild‹ vereinigt das letzte Verspaar des ersten Vierzeilers mit dem ersten des letzten und endlich ›Zeit‹ verkettet die ersten Verspaare der beiden Vierzeiler.

A) Menschen

Das Nomen ›Mensch‹ in verschiedenartigen Kombinationen des Numerus und Kasus, oft vom Bezugswort ›wenn‹ begleitet, ist ein wesentlicher lexikaler Bestandteil der meisten Gedichte Hölderlins etwa ab 1830, beginnend mit der ersten *Aussicht* (*Wenn Menschen fröhlich sind . . .*) mit ihren sieben Spielarten des Paradigmas ›Mensch‹. *Freundschafft* (*Wenn Menschen sich . . .*), Hölderlins spätestes Gedicht mit genauer Datierung – 27. Mai 1843 (*H* 311) – gebraucht den Stamm ›mensch‹ je einmal in jedem seiner vier Verspaare, nämlich in den ungeraden Versen des ersten Vierzeilers und in den geraden des zweiten Vierzeilers; in den ungeraden Verspaaren fällt er auf die zweite Silbe des Anverses und in den geraden Verspaaren auf die zweite Silbe des Abverses, wobei im Anvers der Nominativ, im Abvers der Dativ steht und die ersten drei Beispiele den Plural *Menschen* brauchen, das vierte das Kollektivum *Menschheit* nutzt:

I_1 Wenn Menschen

II_1^2 den Menschen

III_1^2 Die Menschen

IV_1
   $_2$ der Menschheit

Die Aussicht, chronologisch der *Freundschafft* nah, führt den
Plural *Menschen* im Anfangs- und Schlußvers (I_1 und IV_2).
Diese Form mit ihrer auffallenden Konsonantenreihe (ein
Nasal vor und nach einem Zischlaut) findet eine spürbare
lautbildliche Entsprechung in den zwei inneren Verspaaren:
II_2*erscheint* und III_2*schnell* (Zischlaut – Nasal). (Vgl. das
Gewebe derselben Konsonanten in dem zwölfzeiligen Gedicht *Dem gnädigsten Herrn von Lebret* (*H* 282) mit dem
emphatischen, sechsmal wiederholten ›Mensch‹: $_{10}$*die Menschen leben nimmer* ‖ $_{11}$*Allein und schlechterdings von ihrem
Schein und Schimmer*.) Die vier ähnlich lautenden Wörter der
Aussicht sind zwischen allen Verspaaren des Gedichts regelmäßig verteilt: sie stehen am Rande des Anverses in den
geraden und am Anfang des Abverses in den ungeraden
Paaren. Die Wortform *Menschen* nimmt im Gedicht den
zweitersten und zweitletzten Halbvers ein, und jeder Abstand
zwischen den vier lautähnlichen Einheiten umfaßt eine gerade
Zahl von Halbversen – vier vor und nach dem Verb II_2*erscheint* und zwei zwischen III_2*schnell* und IV_2*Menschen:*

I_1 der Menschen

II_1^2

III_1^2 erscheint

                   sie schnell

IV_1^2

  $_2$ Den Menschen

Der erste Vers der vier Vierzeiler *Winter*, um 1841 entstanden (*H* 294), hebt die Verbindung Zischlaut – Nasal zweifach
hervor ($_1$*Wenn blaicher Schnee verschönert die Gefilde*), wonach in den weiteren Vierzeilern eine lautbildliche Wechselreihe folgt: III_1*Erscheinung* – $_2$*den Menschen* – V_1*scheint* – $_2$*Dem
Menschen* – VII_2*erscheinender* – VIII_2*Erscheint*.

Wenn, wie es *Die Aussicht* schildert, des Menschen Leben
I_1*in die Ferne geht* (fer – geht!), bleibt dabei II_1*leer Gefilde*
(mit einem metathetischen Einklang I_1 fer – gē :: II_1 ēr – gef).
Dem Vergehen des menschlichen Lebens (I_1), dem ungewohnt
dunklen Schein des Waldes (II_2) und den schnell vorübergleitenden Jahres- und Lebenszeiten (III_2) wird am Schlusse des
Gedichtes eine neue Vision entgegengesetzt: das niederkom-

mende Glänzen der Himmelshöhe (IV$_{1-2}$). Das *Wenn* des
ersten Anverses – I$_1$ *Wenn in die Ferne geht* – erhält im letzten
Anvers die Antwort IV$_2$ *Den Menschen dann*. Die Ferne des
Sich-Erglänzens des Anfangsverspaars findet ihr Gegenstück
in der Nähe des Himmelsglanzes, in der engsten Berührung,
die das Schlußwort des Endverses bezeichnet: IV$_2$*umkränzet*
(mit einer andeutenden Metathese ern – ren). Dem II$_2$*dunklen
Bilde* des entlaubten Waldes und leeren Gefildes wird das
verweilende Glänzen der Himmelshöhe gegenübergestellt und
beide werden ineinsgesetzt durch das Gleichnis des endgültigen Abverses: IV$_2$*wie Bäume Blüth' umkränzet*. (Vgl. Anke
Bennholdt-Thomsens Behandlung (99 ff.) des Hölderlinschen
Gedichtes *Der Winter* (*H* 294).) Der auffallende Zusammenhang zwischen den gegensätzlichen Schlußversen der beiden
Strophen – erst die Dunkelheit des Waldes und dann die Blüte
der Bäume – wird, wie oben erwähnt, durch die einzigen
monophthongischen *á* des ganzen Textes – II$_2$ *Wáld* und IV$_2$
dánn – hervorgehoben und durch die nur in jenen Anversen
vorkommenden Nomina in Anfangsstellung (II$_2$ *Der Wald*
und IV$_2$ *Den Menschen*) noch unterstrichen.

Die drei Schlußzeilen laufen auf eine Synthese zwischen
Vorübergleiten und Verweilen hinaus. Die letzten beiden
Begriffe galten für Hölderlin zuweilen als Synonyme. Schottmann (104 f.) vermerkt, daß Hölderlins Pindarübertragung
ἄωτος ›das Höchste, der Gipfel‹ als *Blüthe* wiedergibt. Die
drei letzten Zeilen der *Aussicht* zeichnen sich durch einige
eigentümliche Züge von den fünf vorangehenden Versen aus
(dazu unten S. 73). Jede einzelne der drei Zeilen ist zwischen
zwei verschiedenen Sätzen aufgeteilt; die Grenze zwischen
diesen Sätzen fällt stets mit dem Einschnitt der Zeilen zusammen und wird dabei im Manuskript des Dichters durch ein
Komma gekennzeichnet. Nur in diesen Zeilen darf die letzte
Hebung eines Halbverses durch eine Nebenbetonung des
Wortes erfüllt werden: III$_2$ *vorübergleiten* und IV$_1$ *Vollkommenheit*.

Im Bau des Abverses zeigen die drei Schlußzeilen markante
Besonderheiten. Es sind die einzigen Zeilen, die mit einem
Verb enden. Vor dem Schlußverb enthält der Abvers der zwei
letzten Zeilen unmittelbar benachbarte Substantive, was sonst
im Gedicht nicht vorkommt. Die einzigen Nomina ohne

Determinanten gehören dem vierten Verspaar (IV₁ *aus Voll-*
kommenheit; ₂ *wie Bäume Blüth'*). Da der drittletzte Vers
bloß pronominale Substantive aufweist, kann man feststellen,
daß es in den letzten drei Zeilen des Gedichtes keinen Nominativ oder Akkusativ mit einer Determinante gibt, wogegen in
allen fünf vorangehenden Versen jeder Nominativ oder Akkusativ (sechs und drei im ganzen) von einer Determinante
begleitet ist (vgl. bes. den Unterschied im syntaktischen Bau
zweier Sätze: III₁ *die Natur ergänzt das Bild der Zeiten* und
IV₂ *Bäume Blüth' umkränzet*). Ausschließlich in den zwei
Zeilen des letzten Verspaars behauptet sich eine Alliteration
vor Nachbarhebungen, im ersten Fall auf drei Silben ausge-
dehnt: IV₁ *Vollkommenheit, des Himmels Höhe* (h-h-h) und ₂
wie Bäume Blüth' (b-b). In beiden Fällen beginnt der Stabreim
mit der dritten Hebung des Verses und endet mit seiner
vorletzten.

In allen drei Schlußzeilen wird die vorletzte Hebung und
knapp am Ende des ganzen Gedichtes auch die ihr vorausge-
hende Hebung durch besondere Vokale markiert, nämlich
durch bipolare ›erniedrigt‹ und ›hell‹ klingende, gerundete
Vordervokale (vgl. Jakobson, *Aufsätze*, S. 81), die dem übrigen Text fremd bleiben: III₂*vorübergleiten*, IV₁*Höhe glänzet*,
₂*Bäume Blüth' umkränzet*.

Es sei bemerkt, daß in Hölderlins späten Gedichten *Blüthe*
weitere Vokale derselben Klasse anzieht; so wird z. B. *Der*
Frühling von März 1842 (*H* 298) eröffnet mit der Lautkette
I₁*Wenn neu*[!] *das Licht der Erde sich gezeiget,* ₂*Von Früh-*
lingsreegen[!] *glänzt das grüne*[!] *Thal und munter* II₁*Der*
Blüthen[!] *Weiß* . . . *Der Frühling* aus den letzten Lebensmo-
naten (*H* 307) nennt III₁*Ströme* und ₂*Blüthenbäume*, und in
einem andern gleichnamigen Gedicht derselben Zeit (*H* 308)
folgt I₂*die Blüthe* nach I₁*neuen Freuden* und reimt mit II₂*dem*
Gemüthe. Manche Frühlingsgedichte pflegen mit gerundeten
Vordervokalen durchflochten zu sein: (*H* 286) I₁*Es kommt*
der neue [!] *Tag aus fernen Höhn* [!] *herunter* – II₁*geschmükt*
[!] – ₂*Von Freuden* [!] – III₁*Ein neues* [!] *Leben will der*
Zukunft sich enthüllen[!] – ₂*Mit Blüthen*[!] – IV₁*sich zu füllen*
[!] – ₂*zur Frühlingszeit* [!]. (*H* 292) I₂*Der Frühling* [!] *aber*
blüh't [!] – II₁ *Das grüne* [!] *Feld* – ₂*schön* [!] – III₁*mit den*
Bäumen [!] – ₂*in offnen Räumen* [!] – IV₂*an Hügeln* [!].

Vgl. besonders im Diotima-Gedicht *Wenn aus der Ferne* (*H* 262) die sechste vierzeilige Strophe (nochmals eine blühende Landschaft!) mit einem *ü* in jedem Verse und einem weiteren gerundeten Vordervokal in jeder geraden Zeile:

> Wars Frühling? [!] war es Sommer? die Nachtigall
> Mit süßem [!] Liede lebte mit Vögeln [!!], die
> Nicht ferne waren im Gebüsche [!]
> Und mit Gerüchen [!] umgaben Bäum' [!!] uns.

B) Das Bild der Zeiten

Das im ersten Verspaar des ersten Vierzeilers erscheinende Nomen I₁ *die Zeit* hat sein abgewandeltes Gegenstück III₁ *der Zeiten* gleichfalls im ersten Verspaar des zweiten Vierzeilers. Die beiden Varianten gehören den einander nächsten Zeilen der jeweiligen Verspaare an, als ob eine gegenseitige Anziehungskraft dahinter steckte. Der Übergang vom letzten Vers des einen zum Anfangsvers des anderen Vierzeilers, nämlich der Weg vom II₂ *dunklen Bilde* der winterlichen Zeit zum durch die Natur verbundenen und vergänzlichten III₁ *Bild der Zeiten,* erhält einen auffallenden Nachdruck: die im ganzen Gedicht einzigen *u*-Laute werden beidemal dem Wort *Bild* vorausgeschickt: II₂ *Der Wald erscheint mit seinem dunklen*[!] *Bilde* und III₁ *Daß die Natur* [!] *ergänzt das Bild der Zeiten* – mit einem krassen Gegensatz in der Tonalität der akzentuierten Vokale *u* und *i*.

Die enge Verknüpfung der Zeit- und Vollkommenheit-Bilder veranlaßt uns zu einer Topographie der entsprechenden Wörter im Gedicht. Der Vokalbestand des Wortes ›Zeit‹, der Diphthong *ai,* kommt achtmal vor, zuerst im viertersten Halbvers, zuletzt im viertletzten Halbvers, und ist mit überraschender Symmetrie im Gedichttext verteilt. Vier Anverse und vier Abverse, je zwei in jedem Vierzeiler, also die Hälfte aller Halbverse des Gedichts entbehren diesen Diphthong. Innerhalb jedes Vierzeilers begegnet er im Anvers und im Abvers je zweimal. Nie erscheint *ai* mehr als einmal in einem Halbvers. Im Anvers fällt der Diphthong stets auf dessen letzte Silbe; in den Abversen des zweiten Vierzeilers ist er ebenfalls mit dem Versende verbunden und gehört dessen vorletzter (letztbetonter) Silbe an. Nur die geraden Zeilen der beiden inneren Verspaare, II₂ und III₂, enthalten diesen Diphthong im An- und

Abvers zugleich, und in den umrahmenden Zeilen II_1 und IV_1 geht dem *ai* des Anverses der Diphthong *au* voraus, welcher sonst im Gedicht nicht vorkommt. Zur wirkungsvollen Gegenüberstellung dieser beiden Diphthonge vgl. *Der Herbst* (*H* 299) IV_2 *Als eine Aussicht weit.* Es ist zu vermerken, daß die erwähnten zwei Zeilen der *Aussicht* die erste und die letzte sind, deren Anvers ein *ai* enthält. Somit ergibt die Verteilung der Diphthonge im Anvers ein genaues spiegelsymmetrisches Bild:

```
 I₂   . . . . . . .              ai
II₁  au  –  ai       . . . . . .
         ²  ai                 – ai
III₁  . . . . . .               ai
         ²  ai                 – ai
IV₁  au  –  ai   |
```

In den beiden Vierzeilern folgt die allgemeine Einteilung der besprochenen Zwielaute gleichen Regeln. Mit Ausnahme der zwei äußeren diphthongfreien Zeilen des Gedichts (I_1 und IV_2) weist jede Zeile je einen oder zwei der genannten Diphthonge auf. Jeder Vierzeiler enthält eine Diphthongkette, die mit einem Abvers beginnt und in der übernächsten Zeile endet. Der einleitende Abvers jeder Kette enthält einen *ai*-Diphthong des Stammes »zeit« und die zwei weiteren Zeilen je ein Diphthongpaar, welches in der ersten Zeile eines Verspaares mit dem Diphthong *au* beginnt und vollständig dem Anvers gehört, wogegen die beiden Hälften der zweiten Zeile des betreffenden Verspaars je einen Diphthong *ai* aufweisen. Die folgende Tabelle zeigt die Verteilung der Diphthonge *ai* und *au* im Texte des Gedichtes:

```
 I₁   . . . . . . .                 . . . . . . .
        ²  . . . . . . .              die Zeit
II₁        Ist auch dabei           . . . . . .
        ²       erscheint          mit seinem
III₁  . . . . . . .                 der Zeiten
        ²       verweilt           vorübergleiten
IV₁   Ist aus Vollkommenheit        . . . . . . .
        ²
```

Das erste Wort der ganzen *ai*-Kette und das letzte bilden einen inneren Reim – I_2 *Zeit* – IV_1 *Vollkommenheit* gegenüber dem regelmäßigen Endreim zweier semantisch gekoppelter Wörter III$_1$ Zeiten – $_2$ vorübergleiten, wobei in den beiden Reimen eine Haupt- und Nebenbetonung einander entsprechen.

Das Kompositum IV$_1$ Vollkommenheit ist kennzeichnendes Nomen der spätesten Gedichte Hölderlins und ihrem Wortschatz tief eingewurzelt. Die innere Form dieses Wortes aus der Anfangszeile des letzten Verspaares erweckt eine antonymische Beziehung (gehen – kommen) zum Verbum I$_1$ geht aus der Anfangszeile des ersten Verspaars, und sein Bestandteil voll antwortet ebenso antonym auf das Adjektiv leer aus der Anfangszeile des zweiten Verspaares: II$_1$ leer Gefilde. In anderen der spätesten Gedichte wird der innere Sinn von Vollkommenheit durch die Auflösung des Widerspruchs und eine direkte Verweisung auf den Akt des Kommens verraten. Der Frühling (H 309): I$_1$ Wenn aus der Tiefe kommt [!] der Frühling in das Leben, III$_1$ Das Leben findet sich aus Harmonie der Zeiten, IV$_1$ Und die Vollkommenheit [!] ist Eines in dem Geiste (innerhalb eines Vierzeilers mit einem siebenmal wiederholten Diphthong ai). Der Zeitgeist (H 310): II$_2$Daß Dauer kommt [!] in die verschied'nen Jahre, III$_1$ Vollkommenheit [!] vereint sich so in diesem Leben. – Etwas abweichend ist die Stellung und Beziehung des Nomens Vollkommenheit zu seinem – wie der Dichter sich im Aufsatz Über die Verfahrungsweise des poëtischen Geistes (H IV 251 ff.) ausdrückt – »Harmonischentgegengesezten« in den drei Vierzeilern Dem gnädigsten Herrn von Lebret (H 282), gegen 1830 geschrieben: die Schlußzeilen der Anfangsstrophe – $_3$Doch die Vollkommenheit [!] enthält verschiedne Fragen, $_4$Wenn schon der Mensch es leicht bezeuget nennet – werden im Endvers des Gedichtes beantwortet – $_{12}$Der Mensch bezeuget diß und Weisheit geht [!] in Welten.

Die Vereinigung des Entgegengesetzten findet ihren vielleicht prägnantesten Ausdruck im Gedichte Der Herbst (H 284) aus vier gleichartigen Vierzeilern, die im September 1837 verfaßt wurden. Es beginnt mit dem Verse $_1$Die Sagen, die der Erde sich entfernen und ist eher dem »Vergehen und Entstehen« als dem elegischen Thema des Entstehens und Vergehens gewidmet: $_3$und vieles lernen $_4$Wir aus der Zeit, die eilends sich verzehret. Die ewige Rückkehr wird wiederholt bestätigt: $_1$Sie

kehren zu der Menschheit sich; $_7$*kehrt;* $_8$*findet sich . . . wieder.*
$_5$*Die Bilder der Vergangenheit sind nicht verlassen* $_6$*Von der Natur,* und der Sinn des Vergangenen ist demjenigen der drei mit demselben Präfix behafteten Verben $_5$*verlassen,* $_6$*verblassen,* $_{14}$*verlieren* unbedingt entgegengesetzt. Wenn $_{12}$*des Menschen Tag vollendet* ist, zeigt sich $_{13}$*Der Erde Rund* $_{15}$*mit einem goldnen Tage* als beständig, $_{16}$*Und die Vollkommenheit ist ohne Klage,* wie die Endzeile des Gedichts verkündet, verstärkt durch eine abschließende Metathese (lk – kl). Der erste Bestandteil der Komposita *Voll-kommenheit* und *vollenden* erhält dasselbe Gegenwort in andern Gedichten Hölderlins, z. B. *Der Winter* vom November 1842 (*H* 303): II$_1$*Das Feld ist leer* [!] III$_1$*Als wie ein Ruhetag, so ist des Jahres Ende,* $_2$*Wie einer Frage Ton, daß dieser sich vollende* [!]. Im Gedichte *Der Herbst* aus demselben Jahre (*H* 299) lautet der drittterste Vers: *Es ist das Jahr, das sich mit Pracht vollendet* [!] und der drittletzte Vers fügt hinzu: *mit Leere* [!] *sich die Felder dann vertauschen.*

Hölderlins zweite *Aussicht,* die erste mit einer *Scardanelli*-Signatur (*H* 287), preist im Anfangsvers des Achtzeilers den *off'nen Tag, der Menschen hell* [!] *mit Bildern* ist, und sie schließt mit der Versicherung, daß IV$_1$*ferne steht des Zweifels dunkle* [!] *Frage.* Im Gedicht wird IV$_1$*Die prächtige Natur* genannt, welche des Menschen *Tage erheitert* und ihn von Zweifeln um die III$_1$ oft umwölkte und verschlossene *Innerheit der Welt* befreit. Die poetische Etymologie, die besonders die späteste Wortkunst Hölderlins beherrscht, zerschlägt und vereinigt die verknüpften Wörter *Inn-erheit* und *erheit-ert;* eine ähnliche Assoziation scheint *Vollkommen-heit* und *heiter* zu verbinden, vgl. zwei Achtzeiler von 1843, beide unter der Überschrift *Frühling:* I$_1$*Die Sonne kehrt zu neuen Freuden wieder,* III$_1$*Und heiter* [!] *ist des Frühlings Morgenstunde* (*H* 308) und andererseits II$_1$*die Freude kehret wieder* IV$_1$*Und die Vollkommenheit* [!] *ist Eines in dem Geiste* (*H* 309).

Bei Hölderlins Altersgenossen und Freund Hegel bemerkt man in der philosophischen Terminologie eine weitläufige Suche nach der inneren Form der Wörter und eine echte Neigung zum Wortspiel (vgl. Koyré, 425 f.). Es finden sich mehrere Berührungspunkte zwischen den Eigentümlichkeiten des Hegelschen und des Hölderlinschen Wortschatzes. Dem für die *Phänomenologie des Geistes* charakteristischen Betrachten der ›Erinnerung‹ als ›Er-Innerung‹ (Insichgehen) z. B. entspricht dem Gedicht *Höheres Leben* von 1841 (*H* 289), wo Hölderlin II,*Erinnerungen* mit solchen Wortgefügen wie II,*innern Werth* und IV,*In seinem Innern* offenbar zusammenbringt. In des Autors erster *Aussicht* wird das Nomen ₉*Erinnerung* einer dichterischen Analyse unterworfen durch dessen Zusammenstellung mit Wörtern des gleichen Suffixes (₆*Dämmerung* und ₁₃*Ermunterung*) und Präfixes (₁₃*Ermunterung, erfreuet,* ₁₄*erneuet*) sowie durch die angedeutete Übereinstimmung seiner Wurzel mit der Präposition ›in‹: *Erinnerung ist auch dem Menschen in den Worten* – Reim: *in den Orten.* (Zum wechselseitigen Wirkungsverhältnis zwischen Hegel und Hölderlin vgl. Pellegrini, 1965, Kap. VII: *Hölderlin und Hegels Dialektik.*)

Eine sonderbar wirksame Ausnutzung derartiger semantischer Beziehungen wie Synonymie, Antonymie und grammatische Paradigmatik ist in Hölderlins »poëtischer Verfahrungsweise« mit einem Reichtum paronomastischer Kunstmittel eng verflochten. So geleiten einander gern solche in Laut und Sinn nahen Wurzeln wie ›freud-‹ und ›freund-‹. In Hölderlins letzter alkäischer Strophe (*H* 280), die er noch um 1830 komponiert hat, bringen die beiden mittleren Zeilen eine effektive Lautmetathese: ₂*unter die Freuden* [!] *wo* ₃*Ihn Freunde* [!] *liebten.* Schon um 1810 (*Der Ruhm, H* 265) schrieb der Dichter: ₅*Der Erde Freuden, Freundlichkeit und Güter* (der erd. freud.n freund). Im kurz vor des Autors Tode entstandenen Achtzeiler *Freundschafft* (*H* 311) scheint im zweiten Abvers – *sich freudig Freunde nennen‖* – das n-reiche Verb den auszeichnenden Nasal des Nomen zu unterstützen. Am Anfang des zweiten Vierzeilers wird das Wortgefüge III,*der Freundschafft ferne* durch die wiederholte Reihenfolge *f-r-n* vereinigt und abgeschlossen.

Ein merkwürdiges Beispiel eines um das Schlüsselwort des Gedichtes aufgebauten Systems von paronomastischen Entsprechungen ist ein Achtzeiler, anscheinend am 25. Dezember 1841 geschrieben und der *Natur,* dem einzigen wiederholten Nomen des Gedichtes, gewidmet (*H* 295):

Winter

I,Wenn sich das Laub auf Ebnen weit verloren,
 ,So fällt das Weiß herunter auf die Thale,
II,Doch glänzend ist der Tag vom hohen Sonnenstrale,
 ,Es glänzt das Fest den Städten aus den Thoren.

III,Es ist die Ruhe der Natur, des Feldes Schweigen
 ,Ist wie des Menschen Geistigkeit, und höher zeigen
IV,Die Unterschiede sich, daß sich zu hohem Bilde
 ,Sich zeiget die Natur, statt mit des Frühlings Milde.

Die den ersten Vers beherrschende Horizontale wird aufge-
geben (I,*auf Ebnen weit verloren*) zugunsten der entgegengesetzten Enden der vertikalen Achse (I,*herunter auf die Thale*
II,*vom hohen Sonnenstrale* III,*höher* IV,*hohem Bilde*). Die
Wortverbindung *Ruhe der Natur* (ru- gegen -ur) ist von
weiteren bemerkenswerten, übrigens einzigen Fällen des betonten *u* unterstützt, wobei die Reihenfolge der konsonanti-
schen Phoneme *n-t-r* unversehrt bleibt: I,*herunter* [!] und
durch parallele syntaktische Umgebung in den letzten Zeilen
veranschaulicht: III,*höher zeigen* IV,*die Unterschiede* [!] *sich*
und IV,*zu hohem Bilde* ,*Sich zeiget die Natur* [!]. Außerdem
ist von derselben Dreiergruppe *n-t-r* auch die Überschrift
Winter durchformt, und der Ersatz der dem bejahrten Dichter
üblichen Unterschrift *mit Unterthänigkeit* durch *Dero unterthänigster* könnte ebenfalls seinem Bestreben zugeschrieben
werden, die letzte Formel den verketteten Wörtern *herunter –
der Natur* usw. anzupassen.

Zusammenfassung

Hölderlins fesselnder philosophischer Entwurf »über das jedesmalige poëtische Geschäfft und Verfahren«, um die Jahrhundertwende in Homburg niedergeschrieben, verkündet,
»daß der Anfangspunct und Mittelpunct und Endpunct in der
innigsten Beziehung stehen, so daß beim Beschlusse der Endpunct auf den Anfangspunct und dieser auf den Mittelpunct
zurükkehrt« (*H* IV 243 f.; vgl. Allemann, 140 ff.). Falls wir,
beispielsweise, das erste und das letzte Verspaar der *Aussicht*
als den Anfangs- und Endpunkt des Gedichtes betrachten und

die zwei inneren Verspaare als seinen Mittelpunkt, erkennen wir die Fülle und Mannigfaltigkeit ihrer tiefen Wechselwirkungen. Bis zu Hölderlins spätesten Gedichten, ja, in den letzteren vielleicht mit einer besonderen Eindringlichkeit, rechtfertigt sich des Dichters Überzeugung, »wie innig jedes Einzelne mit dem Ganzen zusammenhängt und wie sie beide nur Ein lebendiges Ganze ausmachen, das zwar durch und durch individualisirt ist und aus lauter selbständigen, aber ebenso innig und ewig verbundenen Theilen besteht« (Brief an I. v. Sinclair vom 24. Dez. 1798, H VI 301).

V. Zweierlei Äußerungen des Umnachteten

Gespräch

Hölderlin, der schon früher an schizoiden Anfällen gelitten hatte, erkrankte 1802, also in seinem 32. Lebensjahr, laut ärztlichem Urteil (s. beispielsweise Supprian) »mit einer akuten schizophrenen Psychose«. Schelling schildert ihn im Brief an Hegel vom 11. Juli 1803 als »am Geist ganz zerrüttet« und obgleich noch einiger literarischer Arbeiten »bis zu einem gewissen Puncte fähig, doch übrigens in einer vollkommenen Geistesabwesenheit« (H VII/2, Nr. 291, S. 262). Im August 1806 erhielt Hölderlins Mutter einen Brief seines Vertrauten Isaak Sinclair, es sei nicht mehr möglich, daß »mein unglücklicher Freund, dessen Wahnsinn eine sehr hohe Stufe erreicht hat, länger ... in Homburg bleibe« und »daß seine längere Freiheit selbst dem Publikum gefährlich werden könnte« (ibid., Nr. 345, S. 352). Nach einigen qualvollen Monaten im Tübinger Irrenhause blieb der Kranke, seiner dichterischen Vorahnung gemäß, für eine ganze Hälfte des Lebens – Weh mir, wo nehm' ich, wenn || Es Winter ist, die Blumen (H 117) – beim Tübinger Tischler Ernst Zimmer bis zum Lebensende »in Kost und Aufsicht«. Nach der Erinnerung des Pfarrers Max Eifert (veröffentlicht 1849) heißt es, »der unglückliche Dichter Hölderlin«, der Bewohner des Turmkämmerchens in des Schreiners Haus am alten Zwinger, »wandelte ... auf und ab« »bis vor wenigen Jahren mit irrem Sinn in ewigem verwirrtem Selbstgespräch« (H VII/3, Nr. 489, S. 41). Laut Wilhelm Waiblingers Mitteilung ließ man ihn allein nicht ausgehen, »sondern nur in dem Zwinger vor dem Hause spazirenwandeln« (ibid, Nr. 499, S. 64).

Die zahlreichen Zeugnisse der Besucher des Dichters in des Tischlers Haus von K. A. Varnhagens Beobachtungen am 22. Dezember 1808 (*H* VII/2, Nr. 357, S. 371) bis zu Hölderlins Todesjahr enthalten wertvolle Auskünfte, die heute in der Großen Stuttgarter Ausgabe (*H* VII/2 und 3) gesammelt sind. Sie lenken die Aufmerksamkeit auf den beharrlichen Unwillen und die qualvolle Unfähigkeit des Wahnsinnigen, sich mit den Leuten zu unterhalten und folglich auf die »unermässliche Kluft« zwischen ihm und der menschlichen Umgebung, wie es schon die aufmerksamen und eingehenden Betrachtungen des Schriftstellers Wilhelm Waiblinger aus den Jahren 1822-1826 (abgesehen von dessen allzu subjektiver Stellungnahme) klarlegen und wie es auch spätere Beobachter wiederholt bestätigen.

Von des Dichters früher Jugend bis zur Entwicklung seiner akuten Krankheit war ihm, wie Nussbächer (205) richtig sah, das »selige Geben und Nehmen« ein Lebensbedürfnis: »Seine dialogische Natur suchte das Gespräch, und aus dem Gespräch mit einem Du erwuchs sein Gesang. In der Liebesbegegnung mit Diotima erfuhr Hölderlin das erfüllende, antwortende Du, und von früher Jugend an bis zu den Jahren der Krankheit stand er in Zwiesprache mit echten Freunden.« Es ist gerade der Verlust des Zwiegesprächs, der dem ganzen Verhalten des Tübinger Einsiedlers das entscheidende Kennzeichen aufprägt. Er geriet in Verlegenheit sowohl beim Angesprochenwerden als auch beim Ansprechen und beim Versuch zu antworten, so daß »selbst seine früheren Bekannten«, nach Waiblingers Angabe, »solche Unterhaltungen zu unheimlich, zu drückend, zu langweilig, zu sinnlos« fanden. Fremde wurden von ihm mit einem Schwall von sinnlosen Worten empfangen: »Man vernimmt einige Worte, die verständlich sind, die aber meist unmöglich beantwortet werden können« und er selber bleibt gewöhnlich »ganz und gar unachtsam auf das, was man zu ihm spricht«.

Unter einer nachdrücklichen Befragung geriet Hölderlin in heftige Bewegung und der Fragende erhielt von ihm »einen fürchterlich kunterbunten sinnlosen Wortschwall«. Oder Hölderlin zieht es vor, eine Antwort einfach abzusagen:

»Eure königliche Majestät, das darf, das kann ich nicht beantworten.« Endlich kann die Erwiderung dem Fragesteller selbst zugeschoben werden: – »Sie waren wohl schon lange nicht mehr in Frankreich?« – »Oui, monsieur, Sie behaupten das.« Eine ähnliche Ausflucht lautet: »Sie können Recht haben.« Die Angst vor einer Verantwortung für eine selbständige Bejahung oder Verneinung offenbart sich in derart formulierten Stellungnahmen wie »Sie sagen so, Sie behaupten so, es geschieht mir nichts.« Das sollte Hölderlins »drittes Wort« sein. Sogar eine Absage auf Vorschläge des Gesellschafters wurde von Hölderlin dem Anordner selber zugeschrieben. So folgt auf eine Einladung zum Spaziergang eine »höchst sonderbare Form« von bestätigendem Widerspruch: »Sie befehlen, daß ich hier bleibe.«

Auf den ständigen Widerstreit zwischen Ja und Nein in Hölderlins Sprechweise, wie z. B. zwischen einer Aussage »die Menschen sind glücklich« und deren Widerrufung »die Menschen sind unglücklich« hat schon Waiblinger »unzählige Male« achtgegeben. Wie von Christoph Theodor Schwab in seinem Tagebuch aus dem Jahre 1841 (*H* VII/3, Nr. 551, S. 203) vermerkt, soll der kranke Dichter den Ausdruck *pallaksch* erdacht und mit Vorliebe gebraucht haben, welchen man entweder für ja oder für nein nehmen konnte, und der ihm zum Behelfe stand, um dem Ja oder Nein auszuweichen.

Dieselbe Unsicherheit spiegelt sich in dem zu verschiedensten Zeiten von Berichtern notierten »polyglottischen Schwalle von Titeln« und Höflichkeitsfloskeln, die der Kranke allenthalben anbrachte, besonders um jemanden zu bewillkommen. Nach dem Bericht des Redakteurs Gustav Kühne, der 1838 seine Tübinger Eindrücke schildert, wirft Hölderlin, »erhält er Besuch, mit Ew. Hoheit und Ew. Gnaden um sich, selbst mit Ew. Heiligkeit und Ew. Majestät ist er freigiebig« (*H* VII/3, Nr. 535, S. 156), als ob er damit, nach der früheren Vermutung Waiblingers, geflissentlich jedermann in einer unübersteigbaren Ferne von sich halten wollte, wobei nicht daran zu denken sei, daß er wirklich mit Königen umzugehen glaubte. Wie es Meister Ernst Zimmer, laut Gustav Kühne, behauptete, bleibt Hölderlin somit für sich ein »freier Mann, der sich nix am Zeuge flicken läßt« (ibid. 158).

Das »Geben und Nehmen« verschwindet aus dem Alltag des

Schizophrenen. Hartnäckig weigerte sich Hödlerlin, jegliche Büchergeschenke zu empfangen, sogar wenn es sich um Auflagen seiner eigenen Werke handelte, und Waiblingers Tagebuch vermerkte an ihm »eine schreckliche Eigenheit«: sobald er gegessen, stellte Hölderlin das Geschirr einfach vor die Türe (*H* VII/3, Nr. 470, S. 10).

Die Verleugnung seines eigenen Namens und die Aneignung einer entlehnten oder erdachten Benennung (vgl. »Exkurs: Krankheit Hölderlins«, *H* VII/3, Nr. 632, S. 341) ist vor allem ein Versuch, sein Ich aus dem Gespräch und später auch aus dem Schreiben auszuschalten. Schon zu Waiblinger sagte er, daß er nun Killalusimeno heiße (s. oben S. 30). Nach Johann Georg Fischer verleugnete der Geisteskranke den Namen Hölderlin auf dem Titelblatt seiner Gedichte und behauptete, Scardanelli oder Scaliger Rosa zu heißen (*H* VII/3, Nr. 608, S. 297). Als 1842 Studenten beim gemeinsamen Kaffeetrinken Hölderlin »bei s. Namen nannten, ließ er's nicht gelten, sondern erwiederte: ›Sie sprechen mit HE. Rosetti‹« (ibid. Nr. 596, S. 280). Vgl. Chr. Th. Schwabs Angaben (oben S. 31) über Hölderlins rasendes Bestehen auf der Anerkennung seines Namens Scardanelli. Offensichtlich ging es dem wahnsinnigen Dichter vor allem um die Vermeidung jedes mündlichen oder schriftlichen Gebrauchs seines ererbten Namens.

Dichtung

Aus dem dichterischen Nachlaß der letzten Lebensjahre sind nur karge und rein zufällige Überbleibsel erhalten, und dennoch ergibt ihre Untersuchung eine reiche und überraschende Auskunft über das Schaffen des Künstlers in den letzten Dezennien seiner »großen Psychose« (vgl. Supprian, 617). Über die späten Stadien seiner beinahe vierzigjährigen Tübinger Internierung und die Gedichte, die der bejahrte Hölderlin auf Bitten der Besucher in deren Gegenwart und *ex tempore* niederschrieb und dem jeweiligen Antragsteller überreichte, besitzt man gehaltvolle Berichte. Ernst Zimmer benachrichtigte 1835 einen unbekannten Korrespondenten: »Ich fodere ihn dazu auf mir auch wieder etwas zu schreiben, er machte nur daß Fenster auf, that einen Blick ins Freue, und in 12 Minuten war es fertig« (*H* VII/3, Nr. 528, S. 134).

Über Hölderlins letzte schöpferische Versuche entnehmen wir dem Nachrufe des Lyrikers Gottlob Kemmler einige bemerkenswerte Züge: »Wenn er, am Pulte stehend, seine Gedanken zum ›dichtenden Gebet‹ zu sammeln rang; da war alle Aengstlichkeit von der gedrückten Stirne weggeflohen, und eine stille Freude verbreitete sich darüber; man mochte noch so laut um ihn her sich unterhalten, ihm über die Schulter sehen, nichts vermochte ihn da zu stören . . . Er dichtete wann man wollte, vielleicht auch um sich dadurch ein wenig von der liebreich andringenden Gesellschaft zu isoliren« (ibid. Nr. 642, S. 366 f.). Der krampfhafte Dialog und seine Teilnehmer verschwinden vor dem Entzücken des schöpferischen Monologs. Der Gedanke »es geschieht mir nichts«, eine beschwörende Formel bei Hölderlins Zwiegesprächen, wird hier zu einer glücklichen, willkommenen Erfahrung.

Johann Georg Fischer, Lehrer und Dichter, erzählt, wie er beim letzten Besuch im April 1843 Hölderlin um ein paar Strophen als Andenken bat und der Dichter sich, bereit zu schreiben, an das Pult stellte: »Lebenslang bleibt mir sein Gesichtsaufleuchten in diesem Augenblick unvergessen, Auge und Stirn glänzten, wie wenn niemals so schwere Verwirrung darüber gegangen wäre . . . Nach Beendigung überreichte er mir das Blatt mit den Worten: Geruhen Euer Heiligkeit?« (ibid. Nr. 608, S. 301).

Christoph Theodor Schwab, der Leiter der posthumen Ausgabe von Friedrich Hölderlins *Sämtlichen Werken* (1846), behauptet, nie einen sinnlosen Vers vom kranken Dichter gesehen zu haben, obgleich er seine Verse verfaßte direkt »nachdem man Tage und Wochen lang kein vernünftiges Wort von ihm gehört hatte«, und diese Gedichte schrieb er, »ohne sie nachher zu überlesen oder irgend etwas auszubessern« (s. Trummler, 115 f.). Allerdings beschränkt sich Chr. Th. Schwab darauf, von den Gedichten »aus der Zeit von *Hoelderlin's* getrübter Geistesstimmung« nur kleinere Proben in der Biographie mitzuteilen (*H* VII/3, Nr. 663, S. 413).

Trotz der Begeisterung, welche Waiblinger für den »trunkenen, gottbeseelten Menschen« zu Anfang der 1820er Jahre gespürt hatte (vgl. z. B. *H* VII/3, Nr. 470, S. 7), war er doch geneigt, sinnlose Verse, Fehlgriffe und Belege eines »fürchterlichen Styls« in Hölderlins »Spätlingen« aufzudecken, obgleich das Schaffen des Wahnsinnigen dem des Beurteilers unvergleichlich überlegen war.

Nur einzelne Zeitgenossen des leidenden Künstlers vermochten seine Spätdichtung zu begreifen und zu würdigen. Gustav Schwab, Christophs Vater, der mit Uhland 1826 die erste Ausgabe der Gedichte von Hölderlin redigiert hatte, beharrte auch 1841 beim Lesen der neuesten Verse des kranken Dichters auf seiner Überzeugung, »Hölderlins ganzes Genie zeige sich noch darin«. Gustavs Frau Sophie Schwab fügte hinzu: »Wie herrlich, daß man also bei Hölderlin sieht, auch nach 40 Jahren des verfinstertsten Wahnsinns ist der Geist noch vorhanden u. thut sich nach so langer Zeit noch kund« (*H* VII/3, Nr. 553, S. 211).

Nach Bettina von Arnims Ansicht aus derselben Zeit ist Hölderlin »unter dem namenlosen Schicksal, das auf ihm liegt, . . . für das gewöhnliche Leben der Menschen seit vierzig Jahren verloren, nur irre Töne kommen aus seinem Mund und jede Gegenwart der Menschen verschüchtert und beklemmt ihn. Nur die Muse vermag noch mit ihm zu reden und in einzelnen Stunden schreibt er Verse, kleine Gedichte auf, in denen sich die frühere Tiefe und Anmuth des Geistes spiegelt aber jäh unmittelbar in, dem Verstande unzugängliche, Wort-Rhythmen übergeht« (*Ilius Pamphilius* II, 378; vgl *H* VII/3, S. 255). Wenn selbst diese kühne Schwärmerin für das poetische Suchen glaubte, daß diese Gedichte »an die Kluft führen, wo das Wort sich dem Verstande entzieht« (*Ilius Pamphilius* II, 381; vgl. *H* 915), ist es verständlich, daß die vollkommen unerwarteten Kunstgestalten von Hölderlins Spätdichtung spießbürgerlichen Tadel hervorriefen.

So findet man im *Morgenblatt für gebildete Leser* am 30. April 1838 einen Aufsatz des Schriftstellers und Versemachers Hermann Kurz (1813-1873) über Hölderlins Gedichte, die als »wunderliche, zwecklos zusammengewürfelte Worte« von einer »grauenhaften Unverständlichkeit« charakterisiert werden (*H* VII/3, Nr. 536, S. 172). Aus dem vom Ästhetiker Moriz Carriere (1817-1895) 1843 veröffentlichten Nachruf erfährt man: Hölderlins poetische Klänge »schwankten zwischen Sinnigem und Unsinnigem haltlos einher« (ibid. Nr. 644, S. 371). Bis heutzutage dauern ähnliche und schroffere

Verurteilungen von Hölderlins spätester Dichtung fort. So wird ihr »eine tiefe Störung des Sprachgefühls«, »Scheitern des sprachlichen Ausdrucks«, und »hilflose Banalität« vorgeworfen, der Autor erfasse nicht mehr den »vollen Sinn« seiner Sprachzeichen, und Hölderlins letzte Gedichte seien »completely devoid of any fruitful tension, mere organ-grinding« (s. Häussermann, 112 f.; Böhm, 744; Rehm, 370; Bach, 1965, 155; vgl. Thürmers Übersicht, 30).

Wie Böschenstein (1965/66, S. 36) mit Recht betont, sind die Untersuchungen zu Hölderlins spätesten Werken in der Regel von dem Vorurteil abhängig, die Dichtungen eines Geisteskranken könnten nicht anders denn als Zeugnisse geistigen und sprachlichen Zerfalles gedeutet werden, während »Geisteskrankheit und gültige Poesie einander keineswegs auszuschließen brauchen«. Nach W. Kraft (35 f.) sollte man »endlich einmal beginnen, nachdenklich zu werden, über die künstlichen Scheidungen zwischen Gesundheit und Krankheit, die man seit so langer Zeit zum Schaden der Poesie mitschleppt.«

Der wahrscheinlich grimmigste Versuch, Hölderlins Gedichte » aus den Jahren des Endzustandes« zu entwerten, wurde vom Tübinger Dr. med. Wilhelm Lange in seiner *Pathographie* (137) verfertigt, der in den Schöpfungen des Geisteskranken eine »katatonische Form der Verblödung« findet, wobei das erwähnte klinische Vorurteil bei diesem Forscher durch künstlerische Taubheit offenbar gesteigert wurde. Die erhaltenen Gedichte des kranken Hölderlin werden hier mit folgenden Bemerkungen abgetan: »Steifheit und Gezwungenheit, geschraubte Sprache, Wortneubildungen und Wortmaniren, ein kindlicher Ton sind allen gemeinsam, ebenso wie Zerfahrenheit, Stereotypieen und leere Klangspielereien neben banalen Flickworten und Einschiebseln; das Gefühl für den Unterschied der Sprache der Poesie und der Sprechweise des Alltags, das Stilgefühl ist dem Dichter verlorengegangen, an die Stelle klarer Begriffe treten nur leere Worte. . . . Der Kreis seiner Interessen ist eingeengt; nur noch dürftige Gefühlsbeziehungen schimmern in seinen Versen durch.« Noch 1921 kehrt eine ähnliche Stellungnahme wieder: »Die systematische Untersuchung dieser Gedichte hätte höchstens ein pathologisches Interesse oder das der Kuriosität« (Viëtor, 227).

C. Litzmanns Buch *(Hölderlins Leben in Briefen von und an Hölderlin)* hat schon 1890 *Die Aussicht* erwähnt (663 f.): Es seien »ein Paar nüchterne Naturbetrachtungen, lose an einander gereiht, die [den Autor] auf einen abstrakten Gedanken führen, den er aber nicht mehr klar zu fassen oder auszudrücken vermag«. In einem ganz anderen Lichte erscheinen die gegen Hölderlins Lebensende entstandenen Gedichte bei L. v. Pigenot in seinen Schriften aus dem Jahre 1923, wo er *Die Aussicht* hervorhebt als »jenes geistig durchklärte, feierliche, tief ahnungsvolle, das wir wohl als Hödlerlins letztes Gedicht ansprechen dürfen« (163; vgl. Häussermann, 109 f.).

Seit Pigenots Entwürfen verstärkt sich in der deutschen Literaturwissenschaft das Interesse für Fragen nach der sonderbaren Poetik, die den Hölderlinschen Schlußwerken zugrundeliegt. Dabei wurde immer klarer, daß die Schlußphase der Aufzeichnungen des Dichters sich »von der älteren Hälfte der spätesten Gedichte« deutlich unterscheidet. Auch in diesem Falle sollte eine Vermischung des Wortschatzes der verschiedenen Dichtungsstufen vermieden werden, da sie »statt einer Klärung eine Auflösung der Konturen des jeweiligen Wortfeldes« mit sich bringen würde (vgl. Böschenstein, 1964, 50). Es ist kennzeichnend, daß für *Die Aussicht* (sowie für andere Gedichte des Scardanellizyklus) bezeichnende Wörter – *Aussicht, Vollkommenheit, ergänzen, vorübergleiten* – der sogenannten »Periode der Hymnen« fremd bleiben. Neben Bekundungen einer Bewunderung für einzelne Gedichte »Scardanellis« gab es in den 1960er Jahren einige Versuche, Hölderlins Sprachkunst der letzten Lebensjahre genauer zu erörtern und entweder deren Zusammenhängen mit seinen früheren Werken nachzuspüren (s. Anke Bennholdt-Thomsen, Winfried Kudszus) oder eher die neuen und originellen Eigenschaften der dichterischen Schlußphase aufzudecken, wobei diese Stufe, anstatt einen Verfall zu bekunden, »sich gesetzlich in Hölderlins Weg einfügt und zwar, so paradox das erscheinen mag, als ein wirklicher Fortschritt«, wie es Wilhelm Michel schon 1911 (552) formuliert hatte. Im Jahre 1964 schrieb der polnische Germanist Z. Żygulski: »Die Behauptung könnte zwar widersinnig scheinen, doch dichtete der geisteskranke Hölderlin klarer als der angeblich gesunde« (168).

Wilfried Thürmers Monographie *Zur poetischen Verfahrens-weise in der spätesten Lyrik Hölderlins*, 1970 erschienen, ist für die Untersuchung der letzten dichterischen Folge beson-ders anregend. Das Buch schließt mit der Forderung: »Man muß die eigentümliche und notwendig besondere Seinsweise der Texte selbst erkennen, um sie adäquat würdigen zu kön-nen« (80). Die Grundthesen des Forschers sind höchst ange-bracht, um diese Erkenntnis zu fördern: »Bei näherem Zuse-hen erweist sich [Hölderlins spätestes Dichten] als ein Verfah-ren von großem Kunstverstand« (52). »Das ›kindlich-simple‹ Gedicht wird von einem Sprachgeist geschaffen, der alle Teile konsequent prägt. Scheinbare Hilflosigkeiten erweisen sich als kalkulierte Eingriffe, scheinbares Entgleiten des Sprachganges als bewußte Regulierung des Systems« (53). Vor allem ist »das gesamte dichterische Geschehen dieser Poesie auf allen Ebe-nen der Sprachgebung« zu untersuchen – »auch bei bloßen Partikeln, Funktionswörtern, syntaktischen Eigentümlichkei-ten und Eigentümlichkeiten der Wortwahl« (80).

Freilich muß man einwenden, daß jeder Versuch, Scardanel-lis sprachliche Gebilde aufmerksam zu beobachten, der Ver-mutung Thürmers widerspricht, es gebe in diesen Gedichten keine »geschlossene Architektur« (53), »weitreichende Ver-bindungslinien« wären »bei diesen Versen einfach nicht mög-lich« und zwischen den einzelnen Strophen könnten hier keine »architektonischen Bezüge« vorhanden sein (35, 39, 53). Die ganzheitliche Struktur von Scardanellis Gedichten aus zwei, drei oder vier Vierzeilern zeigt einen gleichen Grad von planmäßiger Durchformung wie deren einzelne Strophen oder Verse. Es genügt, zu den oben vermerkten Besonderheiten in der gesetzhaften Verteilung der grammatischen Kategorien und lexikalen Entsprechungen, von denen *Die Aussicht* durch-webt ist, noch einige Bauzüge des Gedichtes zu erwähnen, insbesondere gewisse lautliche und zugleich semantische Ent-sprechungen innerhalb des Achtzeilers zu bestimmen, deren architektonischer Zusammenhang sich als wirkungsvoll erweist.

Der Genitiv I, | *der Menschen* und der ihm gegenüberge-setzte Dativ IV$_2$ || *Den Menschen*, die zwei Kasus desselben Wortes, spielen erst auf das Schwinden der Menschen an und dann auf die ihnen herabgesandte Gnade. Die gegenseitige

Stellung beider Formen ist eine Spiegelsymmetrie: der eine Kasus ist dem Anfang des zweitersten Halbverses und der andere dem Anfang des zweitletzten Halbverses des ganzen Gedichtes zugeteilt; von den zwei miteinander reimenden und an der Auflösung eines dramatischen Gegensatzes beteiligten Nomina I_2 *Zeit* und IV_2 *Vollkommenheit* gehören das eine zum viertersten und das andere zum viertletzten Halbvers des Gedichtes, und die beiden Reimwörter sind denselben zwei Zeilen zugewiesen wie die zwei wurzelgleichen Verben I_2 | *erglänzt* und IV_1 *glänzet* ||.

Durch andere Spielarten der Symmetrie werden die Bestandteile von *Vollkommenheit* mit ihren Antonymen versehen. Der Anvers der Anfangszeile im letzten Verspaar des Gedichts enthält den Bestandteil IV_1 *-kommen-* und im ersten Verspaar das entgegengesetzte Verb I_1 *geht*. Die dritte Zeile der Endstrophe besitzt *Voll-* im Anvers gegenüber der dritten Zeile der Anfangsstrophe mit dem Adjektiv II_1 *leer* im Abverse. Ähnlich verhalten sich zwei lexikalisch und grammatisch eng verbundene Wörter, II_2 *Wald* (der einzige männliche Nominativ) und entsprechend IV_2 *Bäume* (der einzige männliche Akkusativ): das eine Wort gehört dem Endvers der Anfangsstrophe und das andere dem der Endstrophe.

Von den 33 Nasalen des Textes ist die überwältigende Mehrheit in den äußeren Verspaaren konzentriert – je zwölf, wobei die drei letzten im Verhältnis zu den drei ersten Zeilen des Gedichtes eine Spiegelsymmetrie bilden: je acht Nasale in der ersten (I_1) und der letzten Zeile (IV_2); je vier in der zweitersten (I_2) und der zweitletzten (IV_1); je einer in der drittersten (II_1) und der drittletzten (III_2) Zeile. Die zwei Halbverse mit der höchsten Anzahl der Nasale heben beide das Wort *Menschen* hervor und besitzen – der Abvers der Anfangszeile und der Anvers der Endzeile – je vier *n* und je ein *m*, wobei der letzte Anvers den lautlichen Bau des Wortes *Menschen* verallgemeinert und alle vier Silben des Halbverses mit einem *n* schließen: IV_2 *Den Menschen dann* |.

In der gewichtigen Verbindung zweier Nomina – III_1 *das Bild der Zeiten* – antwortet das zusammenfassende *Bild* des Anfangsverses der Endstrophe dem vorübergleitenden II_2 *Bilde* des Endverses der Anfangsstrophe, und der Genitiv III_1 *der Zeiten* in der Anfangszeile des die Endstrophe eröffnenden

Verspaars findet eine vorgreifende Entsprechung in der Endzeile des die Anfangsstrophe eröffnenden Verspaars – I_2 *die Zeit der*. Der Vers, der dreifältig *Vollkommenheit, Höhe* und *Glanz* (IV_1) zusammenbringt, ist der erste, der dem Gedicht die senkrechte Bewegung des Herabsendens einprägt, bevor es mit dem gleichgerichteten Bilde der die Bäume umkränzenden Blüte schließt.

Im Vers für Vers vertikal aufgebauten Lob der Höhe innerhalb des Zwölfzeilers *Der Sommer (Das Erntefeld erscheint)* aus dem Jahre 1837 (*H* 285) laufen die Wörter I_1 *Höhen*, IV_2 *hohes*, VI_1 *hoch* durch alle drei Strophen, und die anderen zwei maßgebenden Wortbilder (Glanz und Fülle) treten in denselben Zeilen wie die ersteren auf: IV_2 *Ein hohes Bild, und golden glänzt der Morgen*, VI_2 *und was er hoch vollbringet*.

Das Gewebe der Wortwiederholungen und der geleitenden Entsprechungen spielt eine wesentliche und zugleich eine überaus verschiedenartige Rolle in Scardanellis Dichtungen. Der Nachdruck liegt entweder auf den vielfachen Wiederholungen ein und derselben Wörter oder es wird, bei geringerer Anzahl der wiederkehrenden Vokabeln, das Geleit besonders nachdrücklich ausgebaut (vgl. z. B. *Die Aussicht*). Auch in der Verteilung der wiederholten Wörter zeigen die verschiedenen Gedichte dieser Periode beträchtliche individuelle Eigentümlichkeiten.

Das Gedicht *Höheres Leben* aus dem Jahre 1841 (*H* 289) wiederholt meistens innerhalb zweier von seinen drei vierzeiligen Strophen eine Anzahl von Wörtern entweder genau oder mit morphologischen Variationen: I, III *Mensch* – III *Menschheit*; I, III *Leben* – III (bis) *des Lebens*; II, III *Sinn*; die drei Steigerungsgrade desselben Adjektives, nämlich III *hohen* – II *höhern*, III *höhres* – III *Das Höchste*; I *innern* – II *in seinem Innern*; I (bis) *sein* – II *seine* – II, III *seinem*; usw.

Die mannigfaltige Besonderheit der drei Endzeilen der *Aussicht* gegenüber den fünf vorangehenden Versen ist eine der auffallenden Anzeigen einer komplexen und zielbewußten Gestaltung. Die seit Leonardo da Vinci am klarsten festgesetzte *Sectio Aurea* (vgl. Ghyka, Kap. II, Timerding, Hagenmaier und Cereteli) tritt in Hölderlins letzter *Aussicht* deutlich hervor (vgl. oben S. 43 f.). Der kürzere Abschnitt (›Minor‹) verhält sich zum längeren (›Major‹), wie der längere zur ganzen ungeteilten Strecke. Der Goldene Schnitt (8:5 = 5:3) stellt zwei ungleiche Teile eines achtzeiligen Ganzen einander gegenüber und zerlegt *Die Aussicht* in zwei syntaktisch gleichmäßige Gruppen von fünf Verba finita bzw. fünf Elementarsätzen *(clauses)*, mit einer spiegelsymmetrischen Verteilung der Verben in den Halbversen des fünfzeiligen Major (3:2) und des dreizeiligen Minor (2:3). Dabei steht diese Abgrenzung in einem dynamischen, spannungsvollen Gegensatz zur statischen Symmetrie der beiden vierzeiligen Strophen, denen zwei parallele Satzgefüge entsprechen. Die einzigen transitiven Verben des Gedichtes und deren beide direkte Objekte, die den Major (III₁ *ergänzt das Bild*) und den Minor (IV₂ *Bäume... umkränzet*) schließen, heben den Goldenen Schnitt hervor.

Es ist zu bemerken, daß das letzte Glied der Proportion 8:5 = 5:3, welches sich innerhalb der Ganzheit als merkmalhaft behauptet, sich durch die merkmalhafte Verbindung der Gerundetheit und Palatalität in den Vokalen vom fünfzeiligen Gliede (d. h. dem mittleren Proportionalen) unterscheidet. Das Auseinanderstreben zwischen dem Goldenen Schnitt und der strophischen Gleichheit hebt den fünften Vers des Gedichtes hervor, da er gleichzeitig die zweite Strophe eröffnet und das erste fünfzeilige Glied der ›goldenen Reihe‹ schließt: III₁*Daß die Natur ergänzt das Bild der Zeiten*. Dieser Vers ist unzweifelhaft der semantische Mittelpunkt der Ganzheit, ein Vers, der die maßgebende Idee der *Natur* hervorhebt und den dialektischen Gegensatz zwischen Dauer und Wechsel aufhebt.

Syntaktisch betrachtet bildet diese Zeile den einzigen entfalteten Elementarsatz mit einem Subjekt *(S)* im Anvers und einem Prädikat *(P)* im Abvers; die übrigen zwei Zeilen, die das Subjekt und das Prädikat zwischen den Halbversen verteilen, eröffnen die zwei ersten Verspaare und schicken das Prädikat dem Subjekt voraus (I₁*Geht* | ... *Leben* ‖; II₁ ‖ *Ist* ... *Gefilde* ‖). Andererseits ist es die erste der vier Zeilen, wo im Abverse nach dem Verb kein Nominativ folgt (die drei letzten enden mit einem Verb). Die Zwischenlage des Verses III₁ ist offenkundig (vgl. die Tabelle).

Somit ist jeder ungerade Vers des ersten fünfzeiligen Segments durch eine Verteilung des Subjekts und des Prädikats

```
 I₁            geht                              Leben
                              erglänzt die Zeit
 ₂
 II₁ Ist                                         Gefilde
 ₂ Der Wald      erscheint
 III₁              Natur          ergänzt
               die verweilt       sie      vorübergleiten
 IV₁                                        Höhe glänzet
                                            Blüth' umkränzet
 ₂
```

```
 I₁              P                               S
                              P         S
 ₂
 II₁  P                                          S
      S             P
 III₁               S ———— P
 ₂    S             P         S                      P
 IV₁                                    S            P
                                        S            P
 ₂
```

zwischen den beiden Halbversen gekennzeichnet. Gleichzeitig bewährt sich hier eine umgekehrte Wechselbeziehung der beiden Segmente der ›goldenen Reihe‹: Minor + Major = 3 + 5, und jeder der ersten drei Zeilen unterscheidet sich von allen fünf weiteren Zeilen durch das Vorangehen des Prädikats im Verhältnis zum Subjekt. Innerhalb des Gedichtes ist der Grenzvers des fünfzeiligen Majors in den beiden Richtungen (3 + 5 und 5 + 3) durch die Anwesenheit des zeichenhaften Wortes ›Bild‹ angedeutet: vgl. den fünftersten Vers – III₁ *ergänzt das Bild* – mit dem fünftletzten – II₂ *erscheint mit seinem dunklen Bilde*.

Auch die Verteilung der drei- und zweifüßigen Anverse im Gedicht kann dem Goldenen Schnitt zugesprochen werden. Eine dritte Abart des selben Verfahrens setzt die drei Langverse des Achtzeilers (2+1) seinen fünf Kurzversen (4+1) gegenüber, wobei der einzige gemeinsame Reim den Major und Minor verbindet und somit das achtzeilige Ganze krönt: IV₁ *glänzet* – ₂ *umkränzet*.

Zur Einsicht und Einfühlung in Hölderlins dialektische Poetik mit ihrem inneren Widerstreit zwischen Identität und Wechsel aller Teile ist der im Jahre 1801, also an der Schwelle der akuten Psychose, entstandene Gesang *Der Rhein* aus fünf dreistrophigen »Parthien« (*H* 142 ff.) besonders lehrreich, einschließlich der sachkundigen Randbemerkung des Verfassers: »Das Gesez dieses Gesanges ist, daß die zwei ersten Parthien der Form nach durch Progreß und Regreß entgegengesezt, aber dem Stoff nach gleich, die zwei folgenden der Form nach gleich, dem Stoff nach entgegengesezt sind, die lezte aber mit durchgängiger Metapher alles ausgleicht« (*H* 730).

Oft werden der Schlußphase von Hölderlins poetischer Betätigung »Stereotypie«, »Gleichförmigkeit« und »blecherne Monotonie« vorgeworfen; tatsächlich aber herrscht in Scardanellis Werkstatt eine vergleichbar ähnliche Spannung zwischen strengstem Kanon und einem erstaunlichen Reichtum schöpferischer Abstufungen und Variationen wie in der monumentalen mittelalterlichen Kunst. Des alten Hölderlin feststehende Topoi treten in kühn erneuerten Gestaltungen auf. Wörter z. B., die in den Reimen der *Aussicht* auftreten, gehören meistens auch zum Reimrepertoire anderer Gedichte derselben Periode, aber mit unterschiedlichen Gefährten: I$_1$ *Leben* reimt sonstwo mit *Streben, -geben*; II$_1$ *Gefilde* mit *Milde*; III$_1$ *Zeiten* mit *geleiten, breiten*; und nur der Schlußreim IV $_1$*glänzet* – $_2$*umkränzet* ist zumindest in lexikalischer Hinsicht beharrlich geblieben: *glänzen – kränzen* (*H* 307).

Manchmal hat man irrtümlicherweise in Hölderlins »Spätlingen«, wie sie Eduard Mörike nannte, eine hilflose Rückkehr des kranken Greises zu Stil und Form seiner Jugendgedichte gesehen; aber schon eine knappe Übersicht aller 23 mit *Scardanelli* unterzeichneten Gedichte zeigt im Vergleich gewaltige Unterschiede zu Bau und Absicht der Verse aus des Dichters Anfängen. In den Jugendgedichten finden sich nur zufällige, einzeln vorkommende Übereinstimmungen mit den typischen Eigenschaften der Spätlinge. Nur den letzteren gehören die konstant weiblichen Versschlüsse an, die ständige Variation innerhalb des Gedichtes zwischen fünf- und sechsfüßigen Jamben, eine entschiedene Vorliebe für halbierte Achtzeiler und eine Neigung zu Paarreimen. (In 14 Scardanelli-Gedichten werden sie durchweg gebraucht und in weiteren sechs wenigstens für den zweiten Vierzeiler.)

Waiblingers Gedicht an den »jammerheiligen« Hölderlin wurde 1826 im *Mitternachtblatt für gebildete Stände* veröffentlicht mit des Herausgebers Anmerkung über den besungenen Verfasser des Romans *Hyperion:* »jetzt ein Geistigtodter, seit vielen Jahren irrsinnig« (*H* VII/3, Nr. 685, S. 483). Der »Geistigtodte« setzte sein dichterisches Schaffen weitere 17 Jahre fort. Eine in Hölderlin-Studien, besonders von Psychiatern, öfters gestellte Frage gilt den Beziehungen zwischen der Entwicklung seiner Krankheit und seiner Dichtung. Eine Antwort darauf erfordert, um fruchtbar zu werden, tatsächlich interdisziplinäre Arbeit von Psychiatrie, Linguistik und Poetik und könnte, wie Jaspers (103) voraussah, »Licht werfen auf das Wesen des Schizophrenen [allerdings nur einen besonderen Typus innerhalb dieses weiten Krankheitsbereichs] und den Begriff des Schizophrenen selbst anschaulicher erfüllen« und die Diagnostik derartiger psychischer Anfälle fördern, wie es interdisziplinäre Bemühungen im Gebiete der Aphasie schon jetzt tun. Aber wenn es sich beispielsweise um die Sprache des kranken Hölderlin handelt, muß man mit Entschiedenheit vor dem Versuch warnen, »alle textinterpretatorischen und sprachästhetischen Gesichtspunkte« aus der Betrachtung herauszuhalten (vgl. Supprian 618), denn gerade dem ästhetischen Gesichtspunkt verdanken die poetischen Texte ihre besondere Behandlung in Hölderlins Sprachwelt im Verhältnis zu den anderen Klassen und Abarten innerhalb der Gesamtheit der »Sprachbotschaften« *(verbal messages)*, laut Bühlers (113) Fachausdruck.

Der für das ganze Sprachwesen und die Schaffenskraft des geisteskranken Hölderlin grundlegende dichotome Tatbestand ist der krasse Gegensatz zwischen dem ungeheuren Verlust der Begabung, an Gesprächen mit menschlicher Umgebung teilzunehmen, und seiner sonderbar unversehrten, begeisterten Lust und Fähigkeit zu einer mühelosen, spontanen und zielbewußten Stegreifdichtung. Alles, was zum Zwiegespräch gehört, die gegenseitige Ansprache, die Wechselrede mit Fragen und Antworten, das Leistungsvermögen des Sprechers und die Aufmerksamkeit des Zuhörers, die Sinnkraft der eigenen Aussagen und die Besinnungskraft für die des anderen, die ganze Technik der Unterredung konnte nur mühsam und lückenhaft nachgeahmt werden, sie war verworren und im wesentlichen eingebüßt.

Aus der Sucht des Wahnsinnigen, »den zweiten gleich zu annulieren« und »Tag und Nacht mit sich selbst« lautgeführte Reden zu halten, entsteht, bei allem intrasubjektiven Gepräge solcher Äußerungen, eine Abart von partnerbezogenem Gespräch, und sie trägt in Hölderlins Sprachbetrieb dieselben Anzeichen krankhaften Verfalls wie sein verbaler Umgang mit jeglichem Gefährten.

Die echten, reinen Monologe, die in erstaunlichem Gegensatz zu den Trümmern von Hölderlins alltäglicher Rederei eine unantastbare Einheitlichkeit und Ganzheit ihres Sprachgebildes aufweisen, sind die zum Lebensabend des Dichtkünstlers entstandenen Verse. Wie schon Christoph Theodor Schwab in diesem Zusammenhang vermerkt hatte, »war es wunderbar, welchen Zauber die poetische Form auf Hoelderlin ausübte«, wogegen er in Prosa leicht »in gänzliche Verwirrung« fiel. Schwab belegt diesen Unterschied mit einem Vergleich zweier Widmungen, die Hölderlin 1841 in dasselbe Buch einschrieb (Trummler, 116): einerseits prosaische Sätze und andererseits *Überzeugung* – eine jambische vierzeilige Strophe (vgl. *H* 360, 977).

Zur späten, vom prosaischen Redestil am weitesten entfernten Dichtungsart Scardanellis paßt die von Sinclair aufgeschriebene und durch Bettina von Arnim in der *Günderode* (I, 327) wiedergegebene Erwägung des »in der Verwirrung ermatteten« Hölderlin: »die Sprache bilde alles Denken, denn sie sei größer wie der Menschengeist, der sei ein Sklave nur der Sprache, und so lange sei der Geist im Menschen noch nicht der vollkommne, als die Sprache ihn nicht alleinig hervorrufe. Die Gesetze des Geistes aber seien metrisch, das fühle sich in der Sprache, sie werfe das Netz über den Geist, in dem gefangen er das Göttliche aussprechen müsse . . .«.

Scardanellis Gedichte mit ihrem standardisierten Meter und dessen einzigem gesetzmäßigen Schwanken zwischen zehn- und zwölfsilbigen Zeilen sind Hölderlins ratlosen und mißlungenen Unterredungen völlig entgegengesetzt.

Der Schizophrene, wie Ruth Leodolter in ihren sorgfältigen Beobachtungen hervorgehoben hat, »meidet den Dialog und die Auseinandersetzung mit der Umwelt, seis bewußt oder unbewußt« (92); in so einem Syndrom wird »die Möglichkeit bzw. Bereitschaft zu kommunizieren«, also die »dialogische Kompetenz« des Kranken mehr oder weniger eingebüßt, wogegen seine »monologische Kompetenz« vorhanden bleibt. Hölderlins Sprache offenbart ein klassisches Beispiel der zerstörten dialogischen Kompetenz bei gleichzeitiger Unversehrtheit und sogar Steigerung der ausgeprägt monologischen Meisterschaft.

Scardanellis Gedichte unterscheiden sich vom gesellschaftlichen Sprachverkehr durch einen planmäßigen Verzicht auf grundlegende Gesprächsweisen. Im Gegensatz zum sprachlichen Alltagsverhalten des Geisteskranken besitzen diese Gedichte keine deiktischen Sprachzeichen und keine Hinweise auf die aktuelle Sprechsituation. Es war Charles Sanders Peirce, der die Wesentlichkeit der verschiedenen *Indices* für unsere tägliche Rede besonders betont hat: »*If, for example, a man remarks, ›Why, it is raining!‹ it is only by some such circumstances as that he is now standing here looking out at a window as he speaks, which would serve as an Index (not, however, as a Symbol) that he is speaking of this place at this time, whereby we can be assured that he cannot be speaking of the weather on the satellite of Procyon, fifty centuries ago*« (4.544). Dagegen, wie es an den Gedichten aus Hölderlins letzter Lebenszeit wiederholt beobachtet und besonders von F. Beissner (1947, 7) klargelegt wurde, regt die unmittelbare Anschauung den Sinn des Dichters nicht an, und es stimmt damit überein, »daß er eigentlich nie einen einmaligen Vorgang in seiner Besonderheit zeichnet ... Das wird bezeugt durch die eigentümliche Vorliebe für die verallgemeinernde Konjunktion *wenn*«, mit der mehr als ein Drittel der sogenannten »Spätesten Gedichte« anfängt (*H* 261-312). Laut Beissner hält Hölderlin seinen damaligen Versen alles Eigene, Persönliche, das heißt, nach des Dichters älterem Ausdruck, alles »Accidentelle«, sorgsam fern. Zum Vergleich der zwei Pole im Sprachgebrauch des schizophrenen Dichters scheint es uns angebracht, mit Karl Bühler zu betonen, daß »Deixis und Nennen zwei zu sondernde Akte, Zeigwörter und Nenn-Wörter zwei scharf zu trennende Wortklassen sind«, und hinzuzufügen, daß, gegenüber dem »nennungsfreien Hinweisen« der quasidialogischen Tätigkeit Hölderlins in seinem geselligen Umgang, seine späte Dichtung eher auf ein entäußertes, »hinweisfreies Nennen« eingestellt ist.

Die Scardanelli-Gedichte und auch die anderen Hölderlinschen Spätlinge entbehren die grammatische Klasse der ›Verschieber‹ *(shifters)*, die das berichtete Geschehen in bezug auf den Sprechakt und auf dessen Teilnehmer charakterisieren (vgl. Jakobson, *Form und Sinn*, 35 ff.). Besonders auffallend ist die Abwesenheit dieser Grundklasse im Vergleich mit den früheren, dialogisch orientierten Werken des Dichters, wo sie sich nachdrücklich und wirksam behauptete. Im Kontrast zum vollkommenen Mangel an merkmalhaften Klassen der beiden aktuellen Personen, der ersten und der zweiten, in Hölderlins Endperiode (vgl. auch Supprian, 620, 628) zählt die Diotima-Elegie *(Wenn aus der Ferne)*, um 1820 entstanden (*H* 262 f.), in ihren 51 Zeilen 26 Pronomina der ersten und zweiten Person in verschiedenen Kasusformen plus sechs Possessiva ›mein‹ und ›dein‹ und eine hohe Anzahl von Verben derselben zwei Personen. Dem späteren harten Monopol des merkmallosen Präsens entspricht in der Diotima-Elegie ein Wettbewerb des Präsens mit 26 Beispielen des merkmalhaften Präteritums, und die modalen Verhältnisse, späterhin zum merkmallosen Indikativ herabgesetzt, waren in der Elegie auch durch imperative und konjunktive Formen (wie $_{42}$*Nehme vorlieb und denk* | *An die . . .*, $_{49}$*Du seiest so allein*) vertreten. Solche auf Dialog bezogene Äußerungen wie Fragen ($_{21}$ *Wars Frühling? war es Sommer?*), Bejahungen, Anrufe ($_1$*O du Theilhaber meiner Leiden!*), Ausrufe ($_{46}$*Ach! wehe mir!*) kommen in Hölderlins Gedichten der letzten Lebenszeit nicht mehr vor. Die Mitbeteiligung des *verbum dictionis* und dessen *dictum*, die den Sprechakt als solchen in den Vordergrund rückt, ist für die Diotima-Elegie ein gleichfalls kennzeichnender und in der weiteren Entwicklung des Hölderlinschen Dichtens aufgegebener Kunstgriff: $_1$*So sage, wie erwartet die Freundin dich? –* $_9$*Das muß ich sagen, einiges Gute war* || *In deinen Bliken –* $_{15}$*Ja! ich gestand es, ich war die deine. –* $_{49}$*Du seiest so allein in der schönen Welt* || *Behauptest du mir immer, Geliebter!*

Grammatische Züge ähnlich der »Verfahrungsweise« der besprochenen Elegie durchdringen Hölderlins Dichten der zwanziger Jahre bis zur Botschaft *Dem gnädigsten Herrn von Lebret*, anscheinend aus dem Wintersemester 1829/30 (*H* 282, 908). Die in derselben Abschrift erhaltene erste *Aussicht (Wenn Menschen fröhlich sind)* soll dem gleichen Zeitraum angehören und samt dem vorhergehenden Gedicht »einem Studenten auf Verlangen für eine Pfeife Taback gefertigt« worden sein (*H* 281, 909), doch in ihrem Bau nähert sich diese *Aussicht* den chronologisch folgenden Jahreszeit-Strophen (*H* 283-285) und besonders dem Scardanelli-Zyklus.

Die allerletzten dichterischen Monologe des »größten der Schizophrenen« (wie F. L. Wells Hölderlin nannte) sind durch Unterdrückung jeder Anspielung sowohl auf den Sprechakt und dessen Zeitpunkt als auch auf die wirklichen Teilnehmer gekennzeichnet. Der tabuierte Name des Senders wird resolut durch *Scardanelli* ersetzt; der Konsument der Verse und das Los der mit möglichst entfernter Zeitangabe versehenen Manuskripte bleiben dem Autor recht gleichgültig. Die grammatischen Zeiten des Textes sind auf das merkmallose Präsens beschränkt. Diese »Alleinherrschaft des Präsens«, wie sie Böschenstein (1965/66, 44) bezeichnet, hebt die Aufeinanderfolge der Zeiten auf und enthüllt »durch jede Jahreszeit hindurch das Ganze des Zeitumlaufs«. Hölderlins Abhandlung *Über die Verfahrungsweise des poëtischen Geistes,* die sich für des Dichters weitere Entwicklung als aufschlußreich erwies, wirft im besonderen ein neues Licht auf Scardanellis Symbolik. Dieser Homburger Aufsatz warnt die Poesie vor der leeren »Unendlichkeit isolirter Momente (gleichsam eine Atomenreihe)« und gleichzeitig vor dem Glauben an »eine todte und tötende Einheit«. Im dichterischen Präsens wird hier »die Vergegenwärtigung des Unendlichen« erkannt, und um diese Vergegenwärtigung zu erläutern, wird sogleich hinzugefügt: »Entgegengeseztes und Einiges ist in ihr unzertrennlich« (*H* IV 251).

Der vergeblichen Mühe Hölderlinscher Anstrengungen, dem Besucher etwas Abstraktes zu sagen, entziehen sich, wie Thürmer (44) scharfsinnig einsah, Scardanellis Dichtungen vollkommen: »Mühelosigkeit, ein Sprechen, das auch jeden Anflug von Mühe weit zurückweist, das ist der Kern der Sache«. Durch den Verzicht auf Deixis verwandeln sich die zeigefrei gewordenen Nomina solcher Gedichte wie *Die Aus-*

sicht in einheitlich geordnete Ketten von Abstrakta, und es ist zu vermerken, daß viele rein begriffliche Substantive, die Hölderlins Gedichten der ersten zwei Dezennien des 19. Jahrhunderts fremd blieben, erst in den spätesten Gedichten »aus der Wahnsinnszeit« auftauchten (vgl. Böschenstein, 1964, 9): *Aussicht, Erhabenheit, Erscheinung, Geistigkeit, Gewogenheit, Innerheit, Menschheit, Vergangenheit, Vertrautheit* usw.

Die räumliche und zeitliche Aussicht – einleuchtendes Titelwort dreier später Gedichte – stellt dem Kranken eine Falle, sobald es sich um zwei Teilnehmer eines Gesprächs handelt und um die Koordinierung zweier Gesichtswinkel. Als Chr. Th. Schwab im Januar 1841 in Hölderlins Zimmer hineintrat und die Aussicht lobte, musterte ihn der Dichter und sagte leise vor sich hin: »Er ist so schön angezogen« (*H* VII/3, Nr. 551, S. 203). Ende Juli desselben Jahres notierte eine neue Besucherin, Marie Nathusius, in ihrem Tagebuch: »Ich sagte zu ihm: ›Sie haben hier eine schöne Aussicht.‹ Er antwortete: ›Man kann gut aussehen‹« (*H* VII/3, Nr. 579, S. 253). Das semantische Feld des Verbstammes wird in beiden Fällen offenbar verdichtet und reduziert, während im Trauerlied *Wenn aus der Ferne* (*H* 262) der Doppelsinn der etymologischen Figur – $_{12}$*mit finstrem* ‖ *Aussehen* und $_{40}$*aus hoher Aussicht* – zum Vorschein kam.

Nach psychiatrischen Zeugnissen über Hölderlins seelische Erkrankung (s. Treichler, 136 f.) tritt im dichterischen Ausdruck »der Charakter des Endzustandes am klarsten in Erscheinung«, und als ein typisches Merkmal für die »Bildnerei der Schizophrenie« wird hier die »Geometrisierung« angeführt. Diese Eigenschaft hängt mit dem fortschreitenden Abnehmen der hinweisenden, deiktischen Wirksamkeit eng zusammen. Folglich werden Scardanellis Versmonologe von einer »introversiven Semiosis« beherrscht: sie werden zu einer »Mitteilung, die ihre Bedeutung in sich selbst trägt«. Wie *Die Aussicht* und verwandte Gedichte uns zeigen, bilden ihre verschiedenen Bestandteile vielgestaltige Äquivalenzen; gerade in solchem Ineinandergreifen der Teile sowie in ihrer Integration zu einem kompositionellen Ganzen besteht die magische Anmut dieser vermeintlich naiven Verse (vgl. Jakobson, *Form und Sinn*, 70 f.).

»Hölderlin und das Wesen der Dichtung« ist der Titel der

Rede, die Heidegger vor 40 Jahren, am 2. April 1936, in Rom gehalten hat (33 ff.). Fünf Leitworte aus des Dichters Nachlaß wurden vom Philosophen ausgewählt und kommentiert, darunter das typisch Hölderlinsche Schlußwort des Gedichtes *Andenken* aus dem Jahre 1803 – *Was bleibet aber, stiften die Dichter* (*H* 189) – und unmittelbar zuvor die vier Zeilen, mit denen der letzte Entwurf zum unvollendeten Gedicht *Versöhnender der du nimmergeglaubt* aus dem Jahre 1801 abbricht (*H* 137). Die bedeutendste dieser Zeilen – „*Seit ein Gespräch wir sind* – veranlaßt Heidegger (38 f.) zu folgender Erwägung: »Wir – die Menschen – sind ein Gespräch. Das Sein des Menschen gründet in der Sprache; aber diese geschieht erst eigentlich im *Gespräch*. Dieses ist jedoch nicht nur eine Weise, wie Sprache sich vollzieht, sondern als Gespräch nur ist Sprache wesentlich. Was wir sonst mit ›Sprache‹ meinen, nämlich einen Bestand von Wörtern und Regeln der Wortfügung, ist nur ein Vordergrund der Sprache. Aber was heißt nun ein ›Gespräch‹? Offenbar das Miteinandersprechen über etwas. Dabei vermittelt dann das Sprechen das Zueinanderkommen.« Was auch immer Hölderlins Welt- und Sprachanschauung im 18. Jahrhundert gewesen war, sein späterer Weg ist jedenfalls eine Umkehrung der zitierten Konzeption. Nicht als Gespräch, sondern nur als Gedicht ist für ihn Sprache mit ihrem mächtigen Bestand von Wörtern und spannenden Regeln der Wortfügung wesentlich, wogegen das Miteinandersprechen und Zueinanderkommen von Hölderlin, je später desto entschiedener, als ein bloßer Vorraum der Sprache abgelehnt werden: *Was bleibet aber, stiften die Dichter.* Das berichtete Geschehen schließt den Verweis auf den Sprechakt aus dem lediglich dichterischen Berichte aus.

VI. Diotima

Die Erläuterer der Entstehungsgeschichte des Romans *Hyperion oder der Eremit in Griechenland* betonen nicht nur die geistige Nähe zwischen dem für das Griechentum schwärmenden Verfasser und dem Titelhelden des Buches, sondern auch das Auftauchen der lyrischen Frauengestalt und ihres Namens *Diotima* schon in den Vorstufen der dichterischen Arbeit am neuen Werke, die noch vor Hölderlins Begegnung mit Susette Gontard liegen, nämlich im Entwurfe *Hyperions Jugend: Jetzt ehr' ich als Wahrheit, was mir einst dunkel in ihrem Bilde sich offenbarte. Das Ideal meines ewigen Daseyns, ich hab' es damals geahndet, als sie vor mir stand in ihrer Grazie und Hoheit, und darum kehr' ich auch so gerne zurük zu dieser seeligen Stunde, zu dir, Diotima, himmlisches Wesen!* (*H* III 217).

Hyperions Vision der Diotima verschmilzt mit Hölderlins Frankfurter Leidenschaft, und in des Dichters Denken und Schaffen wird die eheliche Benennung Susette Gontard folgerichtig durch die Entlehnung aus dem Symposion des Plato verdrängt. »Nicht wahr, eine Griechin?« – flüsterte Hölderlin seinem Freunde Neuffer über Frau Gontard zu (*H* VII/2, Nr. 194, S. 83), und in *Menons Klagen um Diotima* schwebte dem Dichter [102] *die Athenerinn* vor (*H* 78), wie übrigens schon im Lobgedicht *An ihren Genius*: II₂ *einsam und fremd sie, die Athenerin, lebt* (*H* I 243).

Der durch Hyperions Rat – *daß du mich verlässest, meine Diotima* – und durch die folgende dramatische Trennung der beiden Liebenden verursachte Tod der Heldin wird vom vereinsamten Helden mit dem Nachruf begleitet: *verlaidet ist mir meine eigne Seele, weil ich ihrs vorwerfen muß, daß Diotima todt ist, und die Gedanken meiner Jugend, die ich groß geachtet, gelten mir nichts mehr. Haben sie doch meine Diotima mir vergiftet!* (*H* III 151).

Ende 1799 sandte Hölderlin nach Frankfurt der von ihm gewaltsam getrennten Geliebten den soeben erschienenen zweiten Band des *Hyperion,* der in diesem Exemplar mit dem ersten Bande zusammengeheftet war. Vor das Titelblatt des zweiten Bandes hatte der Dichter eine eigenhändige Widmung an Diotima eingeklebt: *Wem sonst* || *als* || *Dir* (*H* 359 und *H* III 350 ff.). Ein erhaltenes Bruchstück von Hölderlins Begleitbrief enthält bedeutsame Angaben: »Hier *unsern* Hyperion, Liebe! Ein wenig Freude wird diese Frucht unserer seelenvollen Tage Dir doch geben. Verzeih mirs, daß Diotima stirbt. Du erinnerst Dich, wir haben uns ehmals nicht ganz darüber vereinigen können. Ich glaubte, es wäre, der ganzen Anlage nach, nothwendig« (*H* VI 370). Aber in dem Texte des Romans, welchen Hölderlin der Geliebten übersandte, wurden von ihm eigenhändig mehrere eindeutige Botschaften unterstrichen, z. B. im Briefe *Hyperion an Diotima,* mit dem das erste Buch des zweiten Bandes schließt: *O das ist ja meine* [Anagramm: Diotima!] *lezte Freude, daß wir unzertrennlich sind (H* III 121) und *Es ist unmöglich, und mein innerstes Leben empört sich, wenn ich denken will, als verlören wir uns* (124).

Am 22. Juni 1802 starb Susette Gontard, und vor ihrem Ende gab sie das Buch dem ihr nahestehenden Hausarzt, »damit die Zueignung nicht in unwürdige Hände falle« (*H* III 351).

Mit *Menons Klagen um Diotima,* die – in einer intuitiven Vorahnung von Susettes sich näherndem Untergang – um die Jahrhundertwende entstanden sind, schließt der nach Jahren und poetischen Versuchen lange Zyklus von Hölderlinschen Dichtungen, die den Namen »der schönsten der Heldinnen« (vgl. *H* 316) im Titel angeben. Das unbetitelte Fragment *Wenn aus der Ferne (H* 262 f.), anscheinend am Anfang der zwanziger Jahre geschrieben, gehört zwar zur Hölderlinschen Lyrik um Diotima, wie schon Waiblinger einsah (s. *H* VII/3, Nr. 499, S. 73), doch im Gegensatz zu den übrigen Gedichten desselben Themenkreises sind die Rollen des Sprechers und des Angesprochenen hier vertauscht, so daß das Pronomen der ersten Person sich auf die unbenannte *Freundin* bezieht und das ›du‹ auf den gleichfalls anonymen *Geliebten.* Schon im Nebensatz der Anfangszeile antwortet diese Elegie auf den Ausruf, den der Dichter für seine Freundin im *Hyperion* unterstrichen hatte: *Auch wir, auch wir sind nicht geschieden, Diotima, und die Thränen um dich verstehen es nicht* (s. *H* III 159 und 353). Das Gedicht scheint den Briefen der Diotima an Hölderlin manches zu verdanken, einer Brieffolge, die im Herbst 1798 einsetzte und im Mai 1800 schloß und die der Dichter merkwürdigerweise trotz seiner Wanderungen, Anfälle und Schicksalsschläge aufbewahrt hat. Man vergleiche ihren Brief vom 31. Oktober 1799 – »Doch rahte ich Dir und warne Dich für eines: kehre nicht dahin zurück, woher Du mit zerrissnen Gefühlen in meine Arme Dich gerettet« (Viëtor, Briefe, 47) – und die Verse der elegischen Ode – ₃₃*In meinen Armen lebte der Jüngling auf,* || ₃₄*Der, noch verlassen, aus den Gefilden kam,* || ₃₃*Die er mir wies, mit einer Schwer-*

muth (*H* 263). In diesem Gedichte, wie auch in *Menons Klagen*, wechseln noch die Pronomina ›ich‹ und ›du‹ oder die entsprechenden Possessiva (vgl. *H* 262 f.): ₂*Ich dir noch kennbar bin;* ₅*So sage, wie erwartet die Freundin dich?;* ₁₆*Ja: ich gestand es, ich war die deine;* ₅₀*Behauptest du mir immer, Geliebter!* und andererseits (*H* 78): ₈₇*Götterkind: erscheinest du mir, und grüßest, wie einst, mich;* ₈₉*Siehe! weinen vor dir, und klagen muß ich;* ₉₂*Hab' ich, deiner gewohnt, dich in der Irre gesucht,* . . .

Auch diese zwei Gedichte enthalten eigentlich keine Dialoge, sondern nur unbeantwortete Anreden aus weiter Ferne. Nach dem abgebrochenen Trauerlied *Wenn aus der Ferne* (*H* 262) gibt es weiter in Hölderlins Dichtung keinen Wechsel der beiden Pronomina mit Ausnahme – ₇*O Theurer, dir sag ich die Wahrheit* – in den fragenden und belehrenden Alkäen *An Zimmern* etwa aus dem Jahre 1825 (*H* 271) und mit einem ausdrücklichen Verzicht auf Zwiegespräch im Gedicht *Das fröhliche Leben* (*H* 274): ₁₅*Dieses mußt du gar nicht fragen,* ‖ ₁₆*Wenn ich soll antworten dir.* In den übrigen Gedichten derselben Periode ist aus den zwei Einzelpersonen innerhalb des Gedichtes höchstens eine vertreten, bis, wie vermerkt (s. oben S. 80), Hölderlins spätere Gedichte weder für die erste noch für die zweite Person der Pronomina oder Verben Platz finden.

Das bevorstehende Absterben des wahren Gesprächs im geistigen Leben des Dichters tritt im *Hyperion* hervor als ein seltsames Vorgefühl: *Wir sprachen sehr wenig zusammen* – mit diesen Worten beginnt die Geschichte von Hyperions Liebe – *Man schämt sich seiner Sprache* (*H* III 53). Und der tragischen Lösung (*daß du mich verlässest*) geht Hyperions offenbarendes Schreiben an Diotima unmittelbar voran (*H* III 118): *Ich bringe mich mit Mühe zu Worten* . . . *Glaube mir und denk, ich sags aus tiefer Seele dir: die Sprache ist ein großer Überfluß. Das Beste bleibt doch immer für sich und ruht in seiner Tiefe, wie die Perle im Grunde des Meers.*

Die Tabuierung solcher Wortklassen, welche für die dialogische Form der Sprache kennzeichnend sind, beginnt in der späten, durchweg monologisch eingestellten und jedem »partnerbezogenen Gespräch« (vgl. Lewandowski, 149) entgegengesetzten Dichtung Hölderlins mit der Aufhebung der Pronomina der ersten und zweiten Person und erstreckt sich dann auf die belebten, hier genauer: persönlichen Nomina, die zur Bezeichnung der anredenden oder angeredeten Person besonders angemessen sind. ›Mensch‹ gilt als die einzige verallgemeinerte, jeder Individualität beraubte Bezeichnung humaner Wesen. Die letzten 32 Einzelwerke der Abteilung »Späteste Gedichte« – von *Aussicht* (*H* 281) bis *Die Aussicht* (*H* 312) – bezeugen eine einzige, metasprachliche Ausnahme von diesem Tatbestand: ₁ *Wenn Menschen sich aus innrem Werthe kennen,* ‖ ₂ *So können sie sich freudig Freunde nennen* (*H* 311). Auch der Name ›Gott‹ verschwindet aus Hölderlins Versen mit den anderen belebten Substantiven. Charakteristisch sind die persönlichen Feminina in den Alkäen des Trauerliedes *Wenn aus der Ferne* (*H* 262) – ₅ *die Freundin,* ₁₆ *die deine* – und im kniffligen Satze der kurz danach entstandenen Alkäe *An Zimmern* (*H* 271): ₆ *Ein Freund ist oft die Geliebte, viel* ‖ *Die Kunst.* Parallel zur Geliebten gehen in den Hölderlinschen Spätlingen auch das Nomen ›Liebe‹ und das Verb ›lieben‹ verloren, die früher in engen, paronomastischen Beziehungen mit ›Leben‹ standen.

Alle diese der Hölderlinschen Dichtung von nun an fremdgewordenen Elemente brechen allerdings gleichzeitig in seinen Scheingesprächen hervor. So überraschte er z. B. 1841 den Besucher Chr. Th. Schwab, »sich als gemeinen Narren vorstellend,« mit der Äußerung: »Ich bin unser Herrgott« (*H* VII/3, Nr. 551, S. 205).

Waiblinger wunderte sich, daß Hölderlin »nicht auf Gegenstände zu sprechen gebracht werden konnte, die ihn ehedem in bessern Tagen sehr in Anspruch genommen. Von Frankfurth, Diotima, Griechenland, seinen Poesien und dergleichen ihm einst so wichtigen Dingen redete er kein Wort« (*H* VII/3, Nr. 499, S. 71) Doch in der Geisteswelt des Kranken lebten diese tabuierten Themen immer weiter. Einmal kam es ihm plötzlich in den Sinn, nach Frankfurt zu gehen (s. ibid. S. 70), und fünf Tage wütete er, als man es ihm unmöglich machte, sich dorthin zu begeben, wo er 1798 unter Zwang Diotima verlassen hatte. Das Buch über sie und den Eremiten in Griechenland blieb ihm stundenlang und über Jahrzehnte hin Lieblingsstoff zum Lesen und Rezitieren, wie es schon Waiblinger (ibid. S. 65 f.), später Albert Diefenbach (ibid. Nr. 534,

S. 146) und Gustav Kühne (ibid. Nr. 535, S. 158) vermerken. Chr. Th. Schwab erzählt in seinem Tagebuch über seinen Besuch bei Hölderlin Anfang 1841: »Als ich in seinem Hyperion las, sagte er vor sich hin: ›Guck' nicht so viel hinein, es ist kannibalisch‹« (ibid. Nr. 551, S. 204).

Eine – bei Laplanche als schizophren bezeichnete – rastlose Schwingung zwischen der äußersten Nähe und Entfernung liegt dem Hölderlinschen Roman zugrunde. Die Motive der Scheidung von der Liebe und vom Leben sind mehrfach und mehrdeutig umflochten. Im oben zitierten Absatz des Briefes vom 31. Oktober 1799 schrieb die verlassene Diotima an den Dichter: »Ich denke dann auch, besser ein Opfer der Liebe! als ohne sie noch leben« (Viëtor, *Briefe*, 48). In einem Hölderlinschen Bruchstück wird die aufgegebene Liebe als anthropophagisch aufgefaßt (*H* 332): *Ähnlich dem Manne, der Menschen frisset* ‖ *Ist einer der lebt ohne* ‖ *(Liebe).* Im selben Sinne wird der Abschied von Diotima im Gedicht *Der Abschied* (s. *H* 24-27) gewertet: ₁*Trennen wollten wir uns? wähnten es gut und klug?* ‖ ₂*Da wirs thaten, warum schrökte, wie Mord, die That?*

Was im *Hyperion* dem Trauern der Entsagung (*Wir wollen uns trennen*) und dem beredten Tode der Heldin folgt, sind die aussichtsvollen Schlußsätze des Romans:

Wie der Zwist der Liebenden, sind die Dissonanzen der Welt. Versöhnung ist mitten im Streit und alles Getrennte findet sich wieder.

Es scheiden und kehren im Herzen die Adern und einiges, ewiges, glühendes Leben ist Alles.

So dacht' ich. Nächstens mehr. (*H* III 160)

Die *nächste* weitere Erläuterung zum Hölderlinschen Mythos des prädestinierten und folgenschweren Mordes wurde durch Bettina von Arnim nach Sinclairs Auszügen aus den Reden des Dichters wiedergegeben: »Denn das Leben im Wort (im Leib) sei Auferstehung (lebendig faktisch), die bloss aus dem Gemordeten hervorgehe. – Der Tod sei der Ursprung des Lebendigen« (*Die Günderode*, I 329).

Ein später, vergeblicher Versuch, mit dem umnachteten Hölderlin ein Gespräch über seine Geliebte anzuknüpfen, wird vom Augenzeugen Johann Georg Fischer mehrfach mitgeteilt. – Man soll dabei nicht vergessen, daß schon für Hyperion

Phrasen *in memoriam* der Verstorbenen und ihr Name selbst zum Tabu wurden: *Schwer wird mir das Wort; das darf ich wohl gestehen . . . in meiner Nacht, in der Tiefe des Trauernden, ist auch die Rede am Ende (H* III 150). – Fischers Frage an den kranken Hölderlin lautete: »Ihre verherrlichte Diotima muß ein edles Geschöpf gewesen sein« (*H* VII/3, Nr. 608, S. 300 f.), worauf, nach Fischers Wiedergabe, Hölderlin, kurz aufleuchtend, geantwortet haben soll: »Ach, reden Sie mir nicht von Diotima, das war ein Wesen! und wissen Sie: dreizehn Söhne hat sie mir geboren, der eine ist Kaiser von Rußland, der andere König von Spanien, der dritte Sultan, der vierte Papst u.s.w. Und wissen Sie was dann? (. . .) wisset se, wie d'Schwoba saget: Närret ist se worda, närret, närret, närret.« (ibid. 294). In einem Aufsatz *Aus Friedrich Hölderlins dunklen Tagen* fügte Fischer hinzu: »Er wiederholte das letzte Wort in solcher Heftigkeit und mit solchen Gebärden, daß wir den Schmerz um den Unglücklichen nicht länger ertrugen, weshalb wir seinem Paroxismus durch Abschiednahme ein Ende machten, die er wie immer ›unterthänigst‹ erwiderte« (ibid. 301).

Die unbändige Absicht, den Übertreter des Tabu zu verwirren, ist offensichtlich. *Wir wollen uns trennen,* hatte Diotima dem Hyperion gesagt. *Ich will auch keine Kinder; denn ich gönne sie der Sclavenwelt nicht (H* III 131). Nun hat sie dem befragten Hölderlin keine Sklaven, sondern 13 Weltherrscher geboren. Lebt Diotima für den Dichter ₁₀*Reich an eigenem Geist,* wie seine Ode versicherte (*H* I 231), oder ist sie »Närret . . . worda«, wie er es schwäbisch ausdrückt? »Närret« nur deshalb, weil ,*sie verstehn dich nicht (H* I 242 und *H* 28) und auch den Dichter für einen Narren halten?

Wie schon Binder (1961/62, 155 ff.) sah, wird Diotima im Hölderlinschen Roman und in den ihr gewidmeten Oden wiederholt mit der fruchtbaren Mutter Erde und mit der allesumfassenden, prachtvollen, der schon ihrem Namen nach zum ewigen Gebären vorausbestimmten Natur assoziiert. An beide – seine Geliebte und seine tellurische Mutter – ist auch die Reue Hyperions vor Diotimas letztem Abschied gerichtet: *Ich habe sehr undankbar an der mütterlichen Erde gehandelt, habe mein Blut und alle Liebesgaaben, die sie mir gegeben, wie einen Knechtlohn, weggeworfen und ach! wie tausendmal undankbarer an dir, du heilig Mädchen!* . . . *Hattest du mich nicht ins Leben gerufen? war ich nicht dein?* (*H* III 132).

Die Reihe der 48 spätesten Gedichte – gemäß deren sorgsamer Anordnung in der ausführlichsten kritischen Ausgabe sämtlicher Hölderlinschen Werke (*H* 261-312) – schließt mit dem Achtzeiler *Die Aussicht.* Es ist innerhalb der genannten Reihe und in der ganzen Sammlung das dritte Gedicht mit dem gleichen Nomen in der Überschrift. Das letzte von diesen drei Gedichten beginnt mit den Worten *Wenn in die Ferne* entsprechend einem Gedichtanfang derselben Reihe, nämlich dem abgebrochenen Trauerlied *Wenn aus der Ferne* (s. oben S. 80). Es soll auch vermerkt werden, daß das gemeinsame Nomen der drei *Aussicht*-Gedichte auch in den Alkäen des Liedes auftaucht (*40 Oder verborgen, aus hoher Aussicht,* ǁ *41 Allwo das Meer auch einer beschauen kann,* ǁ *42 Doch keiner seyn will*). Beim Fehlen des Eigennamens der Heldin in beiden Gedichten – *Wenn aus der Ferne* und *Wenn in die Ferne* – darf man wagen, nicht nur in dem ersten, sondern auch in dem letzten Beispiel Diotimas heimliche Anwesenheit zu vermuten.

Die Aussicht, wie Scardanellis Dichtkunst überhaupt, meidet Eigennamen, belebte und andere konkrete Substantive. Eine der ersten Stellen, die Hölderlin im zweiten Band des *Hyperion* mit der Widmung *Wem sonst als Dir* unterstrichen hatte, war der doppelte Ruf an die Natur und an Diotima: *Längst, . . . o Natur! ist unser Leben Eines mit dir . . . göttliche Natur! da waren wir immer, wie du* (*H* III 101). Zwei abstrakte Feminina – *die Natur* und *Vollkommenheit* – verkörpern die verweilende, heilsame Macht, durch die alles Getrennte sich wiederfindet, wie es am Ende des *Hyperion* angedeutet wurde.

Die Dissonanzen der Welt, die in den letzten Ereignissen des Romans dem Triumph der *seeligen Natur* vorangehen, finden ihren krassen Ausdruck im alten Lied und Glauben: *Es ist auf Erden alles unvollkommen* (*H* III 156). Die Gedichte aus Hölderlins hohem Alter beantworten diesen *Mißlaut* mit einer nachdrücklichen Bejahung der Vollkommenheit. Die, wie gesagt, um die Jahrhundertwende entstandenen *Menons Klagen um Diotima* – *89 Siehe! weinen vor dir, und klagen muß ich* (*H* 78) – werden durch den Schlußvers des Gedichts *Der Herbst* (September 1837) aufgefangen: *16 Und die Vollkommenheit ist ohne Klage* (*H* 284).

In den Anreden der Heldin im *Hyperion* und in manchen Gedichten desselben Zeitraums »an Diotima« regt der Anfangslaut ihres Namens üppige Alliterationsketten an. So spricht Hyperion mit Diotima über »unsre Welt«: *Auch die deine, Diotima, denn sie ist die Kopie von dir. O du, mit deiner Elysiumstille, könnten wir das schaffen, was du bist* (*H* III 114). Um die Paronomasie *Demuth* (d. m. t.) – *Diotima* (d. t. m.) bildet *d* einen neunfachen, meist pronominalen Anfangsklang: *Aber du, mit deiner Kinderstille, du so glüklich einst in deiner hohen Demuth, Diotima! wer will dich versöhnen, wenn das Schiksal dich empört?* (*H* III 134).

Aus den einzelnen Gedichten des »der schönsten der Heldinnen« gewidmeten Zyklus kann man beispielsweise den zweistrophigen alkäischen Entwurf *Diotima* (*H* I 242) anführen, welcher besonders durch die Verflechtung des Namens der angesprochenen Heldin mit sieben Pronomina der zweiten Person, sieben Artikeln und homonymen Fürwörtern eine Alliteration von achtzehn initialen *d* erreicht, wobei die drei ersten Verse jedes Vierzeilers mit diesem Konsonanten anfangen:

> Du schweigst und duldest, und sie versteh'n dich nicht.
> Du heilig Leben! welkest hinweg und schweigst,
> Denn ach! vergebens bei Barbaren
> Suchst du die Deinen im Sonnenlichte,
> Die zärtlichgroßen Seelen, die nimmer sind!
> Doch eilt die Zeit. Noch siehet mein sterblich Lied
> Den Tag, der, Diotima! nächst den
> Göttern mit Helden dich nennt, und dir gleicht.

Die Aussicht behält – diesmal allerdings ohne Teilnahme des Namens Diotima und des Pronomens der zweiten Person – in ihrem Achtzeiler die achtzehngliedrige Reihe der initialen *d* (hier je neun in jeder Strophe), wobei der bestimmte Artikel die Mehrheit gewinnt (s. oben S. 49 f.). Das Gedicht scheint dem Namen Diotimas nicht nur den Widerhall seines Anlautes zu verdanken, sondern auch das feminine Genus, welches die zweite Strophe des Achtzeilers beherrscht. Feminin sind die Nomina III₁*Natur* und IV₁*Vollkommenheit,* welche zum Namen der Geliebten Hölderlins und Hyperions eine Sinnverwandtschaft bezeugen. Feminin sind alle fünf grammatischen Subjekte in den vier Zeilen der zweiten Strophe, wogegen in den ungeraden Zeilen der ersten Strophe die zwei Subjekte zum Neutrum gehören und die zwei Subjekte der geraden Zeilen auf Femininum und Maskulinum verteilt sind. Endlich ist das Subjekt, gleich der einen Diotima, in allen Versen des Achtzeilers (oder in III$_2$ zum mindesten das erste) singulär.

	Mask.	Neutr.	Femin.
I		$_1$Leben	
			$_2$Zeit
II		$_1$Gefilde	
	$_2$Wald		
III			$_1$Natur
			$_2$die, $_2$sie
IV			$_1$Höhe
			$_2$Blüth'

Solche auffälligen Beispiele wie die anagrammatische Ausnutzung des bestimmten Artikels und die erhöhte semantische Leistung des engen Zusammenhangs zwischen Syntax und grammatischem Geschlecht veranschaulichen den Weg des alten Hölderlin zu Scardanellis abstrakter »Verfahrungsweise des poëtischen Geistes« und insbesondere die Verwandlung der »mannigfaltigen Gestalten und Spiele des Künstlers« bei der Darstellung von Diotimas »Vortreflichkeit« (vgl. *H* 359) in bare grammatische Anspielungen.

In der erwähnten Zuschrift, die Hölderlin im Widmungsexemplar des *Hyperion* auf der Innenseite des Buchdeckels verborgen hat, wird der dem Tageslicht gleiche »Einfluss edler Naturen« mit den »zerstreuten Spuren« von Diotimas Vortrefflichkeit verglichen, und entsprechend verschmelzen die zwei angebeteten Götterbilder der nach Hölderlins Begegnung mit Suzette Gontard entstandenen Komposition (*H* I 216 f.): $_{17}$ *Diotima! seelig Wesen!* und $_{55}$ *Du, in ew'gen Harmonien* ‖ *Frohvollendete Natur!* Dieses Gedicht aus fünfzehn Achtzeilern ist erstaunlich reich an Diotima-Alliterationen (vgl. solche Verbindungen wie $_{37}$ *Da die Last der Zeit* oder $_{104}$ *Da, da weiß ich, daß ich bin*), und die zehnte Strophe mit ihren neun *h* im Anlaut (, *heil'gen Herzensthränen*, $_2$ *Hab' ich*, $_3$*Hab'*, $_4$*Holden*, $_5$*Hab'*, $_6$*Herz*, $_7$*heilig*, $_8$*Himmel*) scheint die Initiale des verheimlichten ›Hölderlin‹ anzudeuten, wie es auch *Die Aussicht* in der dreifachen *h*-Alliteration nahelegt.

Soll nicht auch die Vielzahl der *nd* möglicherweise auf die
Verbundenheit der *N*atur mit *D*iotima spielend verweisen? –
Susette, die authentische Benennung der Geliebten, klingt
beim Dichter bloß einmal an und wird dabei vom erdichteten
Namen *Diotima* begleitet und paronomastisch verschleiert.
Die vierte Strophe der Diotima-Hymne von 1796 rühmt den
Aufschwung der jugendlichen Leidenschaft (*H* I, 216 f., vgl.
213):

> Da ich noch in Kinderträumen,
> Friedlich, wie der blaue Tag,
> Unter meines Gartens Bäumen
> Auf der warmen Erde lag,
> Und in *leiser* Lust und Schöne
> *Mei*nes Herzens *Mai* begann,
> *Säuselte*, wie Zephirstöne,
> Diotimas Geist mich an.

Im Dezember 1798, kurz nachdem Johann Christian Friedrich Hölderlin gezwungen war, das Haus Gontard zu verlassen, bezauberte er Diotima durch seine geheimen Liebesbriefe
(vgl. Viëtor, s. a., Nr. 3), und inzwischen machte Hölderlins
Botschaft vom Weihnachtsabend desselben Jahres an Isaac
Sinclair »viele Freude« (*H* VII/2, Nr. 226, S. 130): der Dichter
versucht die Frage darzulegen, »wie innig jedes Einzelne mit
dem Ganzen zusammenhängt und wie sie beede nur Ein
lebendiges Ganze ausmachen«. Und der Grundgedanke lautet: »Alles greift in einander« (*H* VI, Nr. 171, S. 300 f.).

Sonderbar greifen ineinander *DIE AUSSICHT* und das
letzte Verlangen des sterbenden Empedokles laut der ersten
Fassung des Trauerspiels: ₁₉₂₈*und SEHEN möchtst du doch,
mein Auge!* (*H* IV, 80).

> – ₁*Wenn in die Ferne GEHT der Menschen wohnend LEBEN* . . .
> – ₁₈₉₂*Und alles soll VERGEHN!* . . . *Vergehn?* . . . ₁₉₀₃*Bereit ein
> Mahl* [!]*, daß ich* . . . ₁₉₀₄*Noch Einmal* [!] *koste* . . . *der REBE
> Kraft* . . . ₁₉₃₃*am Tod ENTZÜNDET mir* ₁₉₃₄*Das LEBEN sich
> zulezt?*
> – ₂*Wo in die Ferne sich ERGLÄNZT die Zeit der REBEN* . . .

Literaturverzeichnis

I. Hölderlin-Ausgaben

Gedichte, hg. von L. Uhland und G. Schwab. Stuttgart und Tübingen 1826.

Sämtliche Werke, hg. von Chr. Th. Schwab. Stuttgart und Tübingen 1846.

Gesammelte Werke, (Weimarer Ausgabe), hg. von A. Benzion. Weimar 1923.

Sämtliche Werke (Berliner Ausgabe), hg. von N. von Hellingrath, F. Seebass, L. von Pigenot. Berlin 1923.

Sämtliche Werke (Große Stuttgarter Ausgabe), I-VIII, hg. von Fr. Beissner, Stuttgart, 1943-1974; zitiert: *H,* Band, Seite; Band II ohne Angabe des Bandes.

II. Erläuternde Schriften

Th. W. Adorno, »Parataxis: Zur späten Lyrik Hölderlins«, *Neue Rundschau* 75, 1964, 15-46.

B. Allemann, *Hölderlin und Heidegger.* Freiburg im Breisgau 1954.

Bettina von Arnim, *Die Günderode.* Bd. 1-2, Leipzig 1914[2].

Bettina von Arnim, *Ilius Pamphilius.* Bd. 1-2, Leipzig 1848.

E. Bach, »The Syntax of Hölderlin's Poems«, *Texas Studies in Literature and Language* 2, 1960, 383-397, 444-457.

E. Bach, »*Einst* and *Jetzt* in Hölderlin's Works«, *Deutsche Beiträge* 5, Bern und München 1965, 143-156.

A. Beck, *Hölderlin: Eine Chronik in Text und Bild.* Frankfurt/M. 1970.

F. Beissner, »Ein neues Gedicht aus Hölderlins Spätzeit«, *Dichtung und Volkstum,* 1938, 341-345.

F. Beissner, »Zu den Gedichten der letzten Lebenszeit«, *Hölderlin-Jahrbuch* 2, 1947, 6-10.

Anke Bennholdt-Thomsen, *Stern und Blume: Untersuchungen zur Sprachauffassung Hölderlins.* Bonn 1967.

W. Binder, »Sprache und Wirklichkeit in Hölderlins Dichtung«, *Hölderlin-Jahrbuch* 8, 1954, 46-78.

W. Binder, »Hölderlins Namenssymbolik«, *Hölderlin-Jahrbuch* 12, 1961/62, 95-204.

P. Böckmann, »Das ›Späte‹ in Hölderlins Spätlyrik«, *Hölderlin-Jahrbuch* 12, 1961/62, 205-221.

P. Böckmann, »Sprache und Mythos in Hölderlins Dichten«, *Die deutsche Romantik,* hg. von Hans Steffen. Göttingen 1967, 7-29.

W. Böhm, *Hölderlin* II. Halle/S. 1930.

B. Böschenstein, *Konkordanz zu Hölderlins Gedichten nach 1800.* Göttingen 1964.

B. Böschenstein, »Hölderlins späteste Gedichte«, *Hölderlin-Jahrbuch* 14, 1965/66, 35-56.

K. Bühler, *Sprachtheorie*. Jena 1934.

G. V. Cereteli, »Metr i ritm v poème Rustaveli i voprosy sravnitel'noj versifikacii«, *Kontekst*. Moskau 1973.

E. E. George, *Hölderlin's »Ars poetica«*. Den Haag-Paris 1973.

M. C. Ghyka, *Esthétique des proportions dans la nature et dans les arts*. Paris 1927³.

O. Hagenmaier, *Der Goldene Schnitt. Ein Harmoniegesetz und seine Anwendung*. Ulm/Donau 1949.

U. Häussermann, »Hölderlins späteste Gedichte«, *Germanisch-Romanische Monatsschrift* 42, NF 11, 1961, 99-117.

M. Heidegger, *Erläuterungen zu Hölderlins Dichtung*. Frankfurt/M. 1971⁴.

N. von Hellingrath, »Hölderlins Wahnsinn«, N. v. H., *Hölderlin*. München 1921.

W. Hof, *Hölderlins Stil als Ausdruck seiner geistigen Welt*. Meisenheim 1954.

H. P. Jaeger, *Hölderlin – Novalis: Grenzen der Sprache*. Zürich 1949.

R. Jakobson, *Aufsätze zur Linguistik und Poetik*, hg. von W. Raible. München 1974.

R. Jakobson, *Form und Sinn*. München 1974.

K. Jaspers, *Strindberg und van Gogh: Versuch einer pathographischen Analyse unter vergleichender Heranziehung von Swedenborg und Hölderlin*. Berlin 1926².

W. Killy, »Hölderlin an Diotima. Das Widmungsexemplar des Hyperion«, *Hölderlin-Jahrbuch* 4, 1950, 98-107.

A. Koyré, »Note sur la langue et la terminologie hégéliennes«, *Revue philosophique* 56, 1931, 409-439.

W. Kraft, »Hölderlin«, W. K., *Wort und Gedanke*. Bern 1959.

W. Kudszus, *Sprachverlust und Sinnwandel: Zur späten und spätesten Lyrik Hölderlins*. Stuttgart 1969.

W. Lange, *Hölderlin: Eine Pathographie*. Stuttgart 1909.

J. Laplanche, *Hölderlin et la question du père*. Paris 1969².

Ruth Leodolter, »Gestörte Sprache oder Privatsprache: Kommunikation bei Schizophrenen«, *Wiener Linguistische Gazette*. 10-11, 1975, 75-95.

K. Leonhard, »Die genauere Form der Schizophrenie bei Hölderlin in Beziehung zu seinem Sprachgenie«, *Psychiatrie* 16/2, 1964, 41-44.

Th. Lewandowski, *Linguistisches Wörterbuch*. Bd. 1-3, Heidelberg 1973-1975.

C. Litzmann, *Hölderlins Leben in Briefen von und an Hölderlin*. Berlin 1890.

H. Maeder, »Hölderlin und das Wort: Zum Problem der freien Rhythmen in Hölderlins Dichtung«, *Trivium* 2/1, Zürich 1944, 42-59.

P. Matussek, »La psychothérapie des schizophrènes«, *La psychanalyse*, 4, 1957, 320-333.

A. Mette, *Über Beziehungen zwischen Spracheigentümlichkeiten Schi-*

zophrener und dichterischer Produktion. Dessau 1938.

W. Michel, *Das Leben Friedrich Hölderlins.* Bremen 1949.

P. M. Mitchell and M. M. Brown, »Recurrent Descriptive Words in Hölderlin«, *The Germanic Review* 21, 1946, 257–267.

L. Návrátil, *Schizophrenie und Sprache: Zur Psychologie der Dichtung.* München 1966.

K. Nussbächer, *Friedrich Hölderlin – Gedichte: Auswahl und Nachwort.* Stuttgart 1971.

Charles Sanders Peirce, »The Simplest Mathematics«, C.S.P., *Collected Papers* 4, Cambridge, Mass. 1933.

A. Pellegrini, *Friedrich Hölderlin: Sein Bild in der Forschung.* Berlin 1965.

L. von Pigenot, *Hölderlin: Das Wesen und die Schau.* München 1923.

Z. M. Pir'jan, »Stixotvornye perenosy v lirike Hölderlin-a«, *Voprosy grammatičeskogo stroja germanskix jazykov.* Omsk 1974, 65-73.

Z. M. Pir'jan, »Datel'nyj padež i ego stilističeskoe ispol'zovanie v nemeckom jazyke«, ibid. 74-81.

W. Rehm, *Orpheus. Der Dichter und die Toten: Selbstdeutung und Totenkult bei Novalis, Hölderlin, Rilke.* Düsseldorf 1950.

H. Schneider, »Hölderlins ›Hälfte des Lebens‹«, *Psychiatrie und Neurologie* 111, 1956, 293-301.

H.-H. Schottmann, *Metapher und Vergleich in der Sprache Friedrich Hölderlins.* Bonn 1960.

D. Seckel, »Hölderlins letzte Gedichte«, *Der Schatzgräber* 2/2, 1931-2.

D. Seckel, *Hölderlins Sprachrhythmus.* Leipzig 1957.

H. Serz, »Betrachtungen über einen Vers«, *Die Sammlung* 2, 1947, 152-157.

U. Supprian, »Schizophrenie und Sprache bei Hölderlin«, *Fortschritte der Neurologie/Psychiatrie,* 47, 1974, 615-634.

P. Szondi, *Hölderlin-Studien.* Frankfurt/M. 1970.

W. Thürmer, *Zur poetischen Verfahrensweise in der spätesten Lyrik Hölderlins.* Marburg 1970.

H. E. Timerding, *Der goldene Schnitt.* Leipzig und Berlin 1929[3].

R. Treichler, »Die seelische Erkrankung Friedrich Hölderlins in ihren Beziehungen zu seinem dichterischen Schaffen«, *Zeitschrift für die gesamte Neurologie und Psychiatrie* 155, 1935, 44-144.

E. Trummler, *Der kranke Hölderlin.* München 1921.

K. Viëtor, *Die Lyrik Hölderlins: Eine analytische Untersuchung.* Frankfurt/M. 1921.

K. Viëtor, *Die Briefe der Diotima an Hölderlin.* Leipzig s. a.

F. L. Wells, »Hölderlin: Greatest of ›Schizophrenics‹«, *Abnormal and Social Psychology* 41, 1946, 199-206.

E. G. Winkler, »Der späte Hölderlin«, E. G. W., *Dichtungen, Gestalten und Probleme.* Pfullingen 1956.

Z. Żygulski, *Fryderyk Hölderlin.* Wrocław 1964.

Roman Jakobson
Der Maler Paul Klee als Dichter

Sprache ohne Vernunft . . . Hat die Inspiration Augen oder
schlafwandelt sie?
Das Kunstwerk als Akt. Eine Teilung der Zehen in drei
Teile: 1 + 3 + 1.
Aus Klees Tagebüchern von 1901 (Nr. 183, 310).

*

Zwei Berge gibt es: auf denen es hell ist und klar, den Berg der Tiere und den Berg der Götter. Dazwischen aber liegt das dämmerige Tal der Menschen. Wer einmal nach oben sieht, erfaßt ihr Ahnung eine unstillbare Sehnsucht; sie, die wissen, daß es nicht weiser nach ihnen, die nicht wissen, daß sie nicht wissen und ihnen, die wissen, daß sie wissen nach.

*

Das Gedicht des Malers aus dem Jahre 1903 über Tiere, Götter und Menschen, nach Gewohnheit des Autors ohne jede vertikale Anordnung der Verse niedergeschrieben, zeigt gleichwohl eine deutlich hervortretende rhythmische Einteilung in acht Zeilen von je zwei Halbversen; der zweite Halbvers der ersten und dritten Zeile trägt drei, jeder andere Halbvers zwei starke Wortbetonungen. Tatsächlich sondert der Autor selbst die Zeilen dieses Gedichtes, indem er die Zwischenräume erweitert, besonders wenn diese Zeilen nicht durch ein Satzzeichen voneinander getrennt sind (vgl. das Faksimile der Handschrift in *Gedichte von Paul Klee,* hg. vom Sohn des Malers, Felix Klee, Zürich 1960, 56):

~1~Zwei Bérge gíbt es | auf dénen es héll ist und klár,
~2~den Bérg der Tíere | und den Bérg der Gótter.
~3~Dazwíschen aber líegt | das dámmerige Tál der Ménschen.
~4~Wenn éiner éinmal | nach óben síeht,
~5~erfáßt ihn áhnend | eine únstillbare Séhnsucht,
~6~íhn, der wéíß, | daß ér nicht wéíß
~7~nach íhnen die nicht wíssen, | daß síe nicht wíssen
~8~únd nach íhnen, | die wíssen daß sie wíssen.

Klees Zeichensetzung in der Handschrift dieses Gedichts läßt in den beiden letzten Zeilen einen bedeutsamen Unterschied in der rhythmischen Phrasierung der syntaktischen Fügungen entdecken: zunächst ~7~ *nach ihnen die nicht wissen, daß sie nicht wissen,* dann aber ~8~ *und nach ihnen, die wissen daß sie wissen.* Das Komma zeigt die unterschiedliche Stelle der Halbversgrenze in den Sätzen dieser beiden Zeilen. So erscheint das Lesen mit der Betonung der antithetischen Konjunktion – ~8~ *únd nach íhnen,* | *die wíssen daß sie wíssen* als das einzig richtige.

Die Übertragung dieses Gedichts in Felix Klees Ausgabe der Notizbücher (*Tagebücher von Paul Klee 1898-1918.* Köln 1957, Nr. 539) und Gedichte (*op. cit.,* 56) seines Vaters paßt die Zeichensetzung des Künstlers leider der orthographischen Norm an. In der ersten der beiden Veröffentlichungen ist der Achtzeiler wie Prosa gedruckt, während er in der zweiten künstlich in zwölf Zeilen gebrochen erscheint; einige der Halbverse sind als ganze Zeilen behandelt, außerdem ist das proklitische Eingangswort des zweiten Halbverses dem Ende des ersten Halbverses angehängt, z. B.:

> ₃*Dazwischen aber liegt das*
> *dämmerige Tal der Menschen.*

Mit Ausnahme des zweiten, feierlich amphibrachischen Halbverses der ersten Zeile – *auf dénen es héll ist und klár* – entfalten die Verse des Gedichtes einen zweisilbigen, vorwiegend jambischen Rhythmus. Der erste Halbvers, dipodik in sechs und tripodik in zwei Zeilen, verliert seinen Auftakt in zwei Fällen: ₆ *ihn, der wéiß;* ₈ *únd nach ihnen.* Der zweite Halbvers, zwei-, drei oder vierfüßig, beginnt mit einer Senkung nach einem männlichen Einschnitt (Z. 3 und 6); nach weiblichem Einschnitt hingegen beginnt er entweder mit einer Hebung und wahrt auf diese Weise den metrisch gleichförmigen Bau der ganzen Zeile (₂ *den Bérg der Tiére | und den Bérg der Götter;* ₅ *erfáßt ihn áhnend | eine únstillbare Séhnsucht*), oder er beginnt mit einer Senkung und schafft sich so seine eigene unabhängige jambische Form (₄ *Wenn éiner éinmal | nach óben siéht;* vgl. Zeile 7 und 8).

Drei Pluralgenitive, die einzigen Nomina des Gedichts, die Lebendiges bezeichnen – ₂*der Tiere, der Götter,* ₃*der Menschen* – weisen auf die Dreiheit seiner Helden hin. Das ternäre Prinzip, teils mit dieser thematischen Trichotomie verbunden, teils unabhängig von ihr, durchzieht den ganzen Achtzeiler. Das Gedicht umschließt drei Satzgefüge (1-2; 3; 4-8), welche drei selbständige Elementarsätze *(clauses)* mit drei finiten Verben enthalten (₁ *gibt,* ₃ *liegt,* ₅ *erfaßt*), die, im Gegensatz zu den Prädikaten der abhängigen Elementarsätze, alle drei vor dem Subjekt stehen. Dem Pluralakkusativ ₁*Berge* folgt die doppelte Apposition ₂*Berg . . . Berg,* und dem Relativpronomen ₁*denen* die verwandten Artikel ₂*den . . . den.* Mit drei Neutra samt drei finiten Prädikaten – ₁*gibt es, es hell ist,* ₃*liegt das* – setzt das Gedicht ein. Die Wohnstätten der dreifachen Helden – ₂*Berg der Tiere, Berg der Götter,* und ₃*Tal der Menschen* – sind mit drei Adjektiven verbunden: ₁*hell, klar,* ₃*dämmerige,* und die kontrastierenden Bilder, mit denen die beiden ersten Satzgefüge enden, werden durch ein paronomastisches Verfahren unterstrichen: ₂*Berg der Götter* (erg – erg); ₃*dämmerige . . . der Menschen* (dem.r – derm). Auch das dritte Gefüge ist von ternären Wiederholungen durchwirkt: ₄*einer, einmal,* ₅*eine;* ₄*nach,* ₇*nach,* ₈*nach;* ₆*ihn, der weiß, daß er nicht weiß* – ₇*ihnen, die* nicht *wissen, daß sie* nicht *wissen* – ₈*ihnen, die* *wissen daß sie wissen;* dabei ist das dreifache Verneinungswort *nicht* bedachtsam auf die sechste und siebte Zeile verteilt. Das dreimal vorkommende Bindewort ₁,₂,₈*und* ist mit einer Entsprechung zwischen dem ersten und dem letzten Gefüge verknüpft: der Akkusativ ₁*Berge,* gefolgt von einer Apposition zweier pleonastischer, durch *und* verbundener Akkusative, steht parallel zu dem Akkusativ ₇*ihn* und seiner pleonastischen Apposition *ihn* mit zwei nachfolgenden Dativen ₇*nach ihnen . . .* ₈*und nach ihnen.*

Ein rein metaphorischer, räumlicher Entwurf von biblischem Gepräge liegt dem ganzen Gedicht zugrunde.

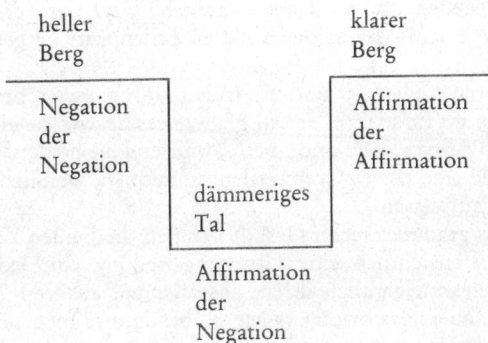

Das Tal ist der einzige Bereich der unlösbaren Antinomie zwischen den Gegensätzen Wissen und Nichtwissen. Dabei spielt das Wissen vom eigenen Nichtwissen vielleicht an auf die gleicherweise antinomische Umkehrung, das tragische Nichtwissen vom eigenen Wissen.

Die thematische Dreiteilung des Achtzeilers unterschiebt seiner syntaktischen Aufteilung in drei ungleiche Satzgefüge von zwei, ein und fünf Zeilen eine symmetrische Form. Die ersten drei Zeilen des Gedichts schildern den dauernden quasi-materiellen Status seiner Helden. Das äußere Zeilenpaar des Anfangs (Z. 1 und 2) ist den Tieren und Göttern gewidmet, während die dritte Zeile sich mit den Menschen befaßt. Entsprechend charakterisieren die drei letzten Zeilen des Gedichtes den geistigen Status seiner Helden, und das äußere Zeilenpaar des Schlusses (Z. 7-8) bedenkt Tiere und Götter, wogegen die drittletzte Zeile (6) den Menschen gewidmet ist. Den mittleren der drei Abschnitte (Z. 4-5) kann man dynamisch nennen; es geht darin um aktive Prozesse, welche sich ereignen – und zwar wiederum andauernd – im *dämmerige(n) Tal der Menschen*. Jeder dieser drei Abschnitte ist durch einen betonten Einsilber am Ende seiner Anfangszeile gekennzeichnet (₁*klar*, ₄*sieht*, ₆*weiß*), während die anderen fünf Zeilen des Gedichts mit einem Paroxytonon geschlossen werden.

Da der zweizeilige mittlere Abschnitt (Z. 4-5) zusammen mit den beiden angrenzenden Zeilen (3 und 6) den Menschen in den Blick nimmt, können in bestimmter Hinsicht alle vier inneren Zeilen als ein Ganzes aufgefaßt werden, das dem leitenden Thema der beiden äußeren Zeilenpaare entgegengesetzt ist.

Die Grenzzeilen (3 und 6) treten durch einen betonten Einsilber am Ende ihres ersten Halbverses hervor (zwei parallele Verbformen ₃*liegt* und ₆*weiß*), während die beiden Zeilenpaare, die jede dieser Grenzzeilen umrahmen, weibliche Einschnitte aufweisen.

In ihrer grammatischen Gestalt nehmen die beiden Zeilen 3 und 6 offensichtlich eine Übergangsstellung ein; jede von ihnen gehört eigentlich ihrem anstoßenden äußeren Zeilenpaar zu, aber gleichzeitig teilen sie bestimmte formale Züge mit den beiden mittleren Zeilen.

Dieser mittlere Zweizeiler, der am meisten dramatische Teil des Gedichts, ist mit Verben der Bewegung ausgestattet (₄*nach oben sieht*, ₅*erfaßt*) im Gegensatz zu den Verben des Zustands in den Zeilen 1-3 und den *verba sciendi* in den Zeilen 6-8. Das abstrakte Nomen ₅*Sehnsucht* unterscheidet sich sowohl von den sechs konkreten Substantiven der drei ersten Zeilen als auch vom Fehlen aller Nomina in den drei letzten Zeilen. Die Bestandteile von *Sehnsucht* sind verwandt einmal mit dem Verb ›sehnen‹, zum andern (durch Volksetymologie) mit dem Verb ›suchen‹. In der ganzen Zeile herrscht eine offensichtliche Neigung zum Tätigkeitswort vor; außer dem transitiven Verb *erfaßt* mit dem direkten Objekt *ihn* enthält sie das Gerundium *ahnend* und das deverbative Adjektiv *unstillbare*. Der temporale Adverbialsatz (₄*Wenn . . .*) begründet, sofern man ihn mit den Relativsätzen in den beiden andern Abschnitten vergleicht, den Primat des Verbs in den mittleren Zeilen. Der verborientierte sechsfüßige Vers, der das mittlere Verspaar abschließt – $_3$*erfaßt ihn ahnend* | *eine unstillbare Sehnsucht* – kontrastiert im besonderen mit dem zweiten, rein nominalen fünffüßigen Vers des ersten Verspaares – $_2$*den Berg der Tiere / und den Berg der Götter* – die einzigen beiden rein jambischen Verse mit weiblicher Kadenz in beiden Halbversen. Das Trio unbestimmter Ausdrücke $_4$*einer* – *einmal* – $_5$*eine* kontrastiert mit zwei Ketten von bestimmten: $_1$*denen* – $_2$*den* – *der* – *den* – *der* – $_3$*dazwischen* – *das* – *der* (alliterierend dazu: *dämmerige*) im ersten Abschnitt und $_6$*der* – *des* – $_7$*die* – *daß* – $_8$*die* – *daß* im Schlußterzett. Der vokalische Ansatz des dreifach wiederholten *ein* – ist verstärkt durch die ähnlichen Anlaute bei den benachbarten Worten – $_4$*einer . . . einmal . . .* oben . . . $_3$*erfaßt ihn ahnend eine unstillbare . . .* –, wobei die Endworte dieses Verspaares eine dreifache Alliteration zischender Dauerlaute hören lassen: $_4$*sieht* – $_5$*Sehnsucht*.

Mit der vorausliegenden Übergangszeile teilt das mittlere Verspaar die einzigen nominalen Subjekte und die einzigen Epitheta des Achtzeilers; übrigens sind diese beiden viersilbigen Attribute in den einzigen tetrapodischen Halbversen – $_3$*dämmerige* und $_5$*unstillbare* – die längsten Wörter des ganzen Textes. Diese einzigen Substantive im Nominativ samt ihren adjektivischen Bestimmungswerten beziehen sich indirekt auf die Menschen und sind den drei nominalen Akkusativen des ersten Verspaares entgegengestellt, die auf Tiere und Götter hindeuten. Außerdem stellt das Genus das dunkle $_3$*Tal*, einziges Neutrum des Gedichts, und besonders sein einziges Femininum, das gefühlsstarke $_5$*Sehnsucht*, den fünf maskulinen Substantiven des ersten Zweizeilers gegenüber, als ob dieser Unterschied die Unvergleichlichkeit der menschlichen Umstände und Beschwerden bekräftigen sollte. Im ganzen gesehen sind die konträren und kontradiktorischen Gegensätze für Klees grammatisches Gefüge viel typischer als die numerischen Entsprechungen zwischen den verschiedenen Abschnitten.

Mit der nachfolgenden Übergangszeile teilt das mittlere Verspaar die einzigen singularen Formen der männlichen Pronomina ($_4$*einer;* $_5$*ihn;* $_6$*ihn, der, er*) und das Fehlen des Plurals gegenüber den zahlreichen nominalen, pronominalen und verbalen Pluralformen der anderen Zeilen. Diese seltsame Einsamkeit, veranschaulicht auf dem Höhepunkt von Klees Gedicht, hat eine gleichgestimmte Präambel in den unmittelbar vorhergehenden Zeilen seines Tagebuches (Nr. 538): ». . . ganz auf sich selber abstellen, sich auf größte Einsamkeit vorbereiten. Abneigung gegen die Fortpflanzung (ethische Überempfindlichkeit).«

Die drei strikt relationalen und kogitativen Schlußzeilen entfalten drei Spielarten einer doppelten Hypotaxe und bestehen aus neun Pronomina, sechs Formen des Verbs *wissen*, dreimal mit und dreimal ohne die Negation *nicht*, und aus sechs Konjunktionen und Präpositionen; sie beenden das metaphorische Netzwerk der ersten Abschnitte mit ihren konventionell bildlichen, unbelebten Substantiven und Verben. Der Leser ist aufgerufen, von räumlichen Visionen zu strengen geistigen Abstraktionen fortzuschreiten.

Im Einklang mit dem anfänglichen Verlangen der Menschen nach den Bewohnern der Berge, ₁*auf denen es hell ist und klar*, oder vielleicht noch eher im Einklang mit dem schließlichen Streben nach den Höhen abstrakter Meditation, fallen in den beiden letzten Zeilen sieben volle Betonungen auf den hellen und diffusen Vokal /i/ – ₇*nach ihnen die nicht wissen, daß sie nicht wissen* ₈*und nach ihnen, die wissen daß sie wissen*. In den drei Zeilen des Anfangsabschnittes ist es auch das /i/, welches die letzte Betonung des ersten Halbverses trägt. Von den 34 starken Betonungen des Achtzeilers fallen 23 auf vordere (helle) Vokale und, im besonderen, 13 auf /i/. Die vier Diphthonge /ai/ mit ihrer hellen Endung verstärken die ›heitere‹ Färbung von Klees Gedicht, das unter Betonung hintere (dunkle, erniedrigte) Vokale vermeidet und nur zwei /u/ und ein /o/ zuläßt.

Eine erstaunliche Verbindung von strahlender Transparenz und meisterhafter Einfachheit mit vielförmiger Verwicklung befähigt den Maler und den Dichter Klee, eine harmonische Anordnung mannigfacher Erfindungen sowohl auf einem Stück Leinwand als auch auf einigen Zeilen des Notizbuches zu entfalten. Das beigefügte Schema mag jene gleichzeitig wirkenden binären und ternären Anordnungen der Handlung und der grammatischen Mittel zusammenfassen, die dem winzigen Wortwerk des Künstlers Tiefe und Monumentalität verleihen und die als Beispiel dienen können für Klees Dialektik von künstlerischer Merkmalhaftigkeit mit seinem scharfen Sinn für Wechselbeziehungen zwischen dynamischen und statischen, hellen und dunklen, intensiven und extensiven, grammatischen und geometrischen Konzepten und, schließlich, von Regel und Regelüberschreitung. All das deutet er in seinem Tagebuch von 1908 (Nr. 832)an:

> Handlung sei außerordentlich und nicht Regel. Handlung ist aoristisch, muß sich abheben von Zuständlichem. Will ich hell handeln, so muß der Zustand dunkel zu Grunde liegen. Will ich tief handeln, setzt das helle Zustände voraus. Die Wirkung der Handlung erhöht sich bei starker Intensität und kleiner Ausdehnung, aber auf geringer zuständlicher Intensität und großer zuständlicher Ausdehnung ...
> Auf mitteltoniger Zuständlichkeit aber ist doppelte Handlung möglich, nach hell und nach tief hin gesichtete.

1. Satzgebilde	Tiere und Götter	Schicksal	1. Erstes Verspaar 2.	I. Externer Zustand	Bildliches
2. Satzgebilde	Menschen		3.		
3. Satzgebilde: Menschen im Verhältnis zu Tieren und Göttern		Einsamkeit	4. Mittleres Verspaar 5.	II. Bewegung	
			6.	III. Interner Zustand	Abstraktion
	Tiere und Götter		7. Letztes Verspaar 8.		

Roman Jakobson
Der grammatische Bau des Gedichts
von Bertolt Brecht
Wir sind sie

Nirgendwo sind die geheimnisvollen Gesetze verletzt, Gesetze der Interferenz, des Sichkreuzens und Synkopierens,
mit denen im dichterischen Gebilde der innere Sinn und der
grammatische Satzbau gegeneinanderspielen; nirgendwo
auch hört man so hinreißend geheime Musik wie in diesen
Versen, zum Beispiel denen aus der *Mutter* und der *Maßnahme* . . . Arnold Zweig, 1934

die 3 Agitatoren:

36 du hast uns nicht überzeugt. geh also zu den arbeitslosen und über-
ge ~~und dass~~ sie sich in die front der revolution eingliedern müssen. jetzt,
dazu fordern wir dich auf im namen der partei.

$$X = 4$$

wo aber ist die partei?
ist sie in einem haus mit telefonen?
sind ihre gedanken geheim, ihre entschlüsse unbekannt?
~~antwortet~~ wir sind sie.
du und ich und ihr, wir alle
in deinem anzug steckt sie, genosse und denkt in deinem kopf
wo ich wohne ist ihr haus und wo du angegriffen wirst da kämpft sie.
zeige uns den weg den wir gehen sollen und wir
werden ihn gehen wie du, aber
gehe nicht ohne uns den richtigen weg
ohne uns ist er
der falscheste.

[Trenne dich nicht von uns.]

... besser ist als der lange das leugnet keiner
aber wer weiss ihn und wenn ihn einer weiss
und vermag nicht ihn zu zeigen, was nützt seine weisheit?

DER JUNGE GENOSSE

Weil ich recht habe, kann ich nicht nachgeben. Mit meinen zwei Augen
sehe ich, dass das Elend nicht warten kann.

Dies sind die Worte Bertolt Brechts, die der Dichter zur Verteidigung der grammatischen Eigengesetzlichkeit seiner Verse anführte: »Ego, poeta Germanus, supra grammaticos sto.« Mit Recht hatte A. N. Kolmogorov den grammatischen Bau der Poesie als deren allzu wenig beachtete Dimension gekennzeichnet. Zwar gibt es unter den Literaturforschern der verschiedenen Länder, Sprachen, Lehrmeinungen und Generationen immer noch solche, die in einer Strukturanalyse von Versen einen verbrecherischen Einbruch der Sprachwissenschaft in eine verbotene Zone erblicken, aber es gibt auch Sprachforscher verschiedener Observanz, die von vornherein die Dichtersprache aus dem Kreis der die Linguistik interessierenden Themen ausschließen. Es ist eben Sache der Troglodyten, Troglodyten zu bleiben.

Unser geplantes Buch *Die Poesie der Grammatik und die Grammatik der Poesie* soll mit Proben einer grammatischen Analyse verschiedensprachlicher Gedichte aus dem 14.-20. Jahrhundert schließen; die letzte Studie behandelt ein Gedicht, das B. Brecht (1898-1956) im Jahre 1930 schrieb. Ursprünglich war das Gedicht in seinem Lehrstück *Die Maßnahme* enthalten (vgl. Brecht, *Versuche* 1-12, Heft 1-4 in der Berliner Neuausgabe vom Jahre 1963)[1], wurde aber später selbständig im Gedichtband *Lieder Gedichte Chöre* (Paris 1934)[2] veröffentlicht:

I₁ Wer aber ist die Partei?
₂ Sitzt sie in einem Haus mit Telefonen?
₃ Sind ihre Gedanken geheim, ihre Entschlüsse unbekannt?
₄ Wer ist sie?

II₅ Wir sind sie.
₆ Du und ich und ihr – wir alle.
₇ In deinem Anzug steckt sie, Genosse, und denkt in deinem Kopf.
₈ Wo ich wohne, ist ihr Haus, und wo du angegriffen wirst, da kämpft sie.

III₉ Zeige uns den Weg, den wir gehen sollen und wir
₁₀ Werden ihn gehen wie du, aber
₁₁ Gehe nicht ohne uns den richtigen Weg
₁₂ Ohne uns ist er
₁₃ Der falscheste.

₁₄Trenne dich nicht von uns!
    ₁₅Wir können irren, und du kannst recht haben, also
    ₁₆Trenne dich nicht von uns.

IV₁₇Daß der kurze Weg besser ist als der lange, das leugnet keiner
    ₁₈Aber wenn ihn einer weiß
    ₁₉Und vermag ihn uns nicht zu zeigen, was nützt uns seine Weisheit?
    ₂₀Sei bei uns weise!
    ₂₁Trenne dich nicht von uns!

In der genannten Pariser Ausgabe ist das Gedicht nach der
ersten fragenden Strophe *Wer aber ist die Partei* betitelt, in der
Berliner Anthologie Brechts *Hundert Gedichte* (1951) nach
der ersten antwortenden Zeile der zweiten Strophe *Wir sind
sie*. Das Gedicht stammt aus der Blütezeit seines Schaffens, die
sich annähernd mit dem vierten Jahrzehnt seines Lebens und
dem vierten Dezennium unseres Jahrhunderts deckt: diese
Periode wird eingeleitet durch *Die Dreigroschenoper* (1928)
sowie den *Aufstieg und Fall der Stadt Mahagony* (1928-29),
und durch zwei nicht minder bedeutende Dramen *Leben des
Galilei* (1938-39) sowie *Mutter Courage und ihre Kinder*
(1939) abgeschlossen.

In die gleiche Zeitspanne kämpferischen Suchens »unter
schwierigen Umständen« fällt auch Wolfgang Steinitz' Buch
über den *Parallelismus in der finnisch-karelischen Volks-
poesie*[3]. Die »Grammatik des Parallelismus«, eine kühne Fra-
gestellung, hat in diesem Werk zum ersten Mal eine wissenschaftliche Lösung erfahren. Der grammatische Parallelismus
dient als kanonisches Mittel in der von Steinitz sorgfältig
untersuchten finnisch-karelischen Tradition und ganz allgemein in der uralischen und altaischen Folklore, aber auch in
vielen anderen Arealen der Weltpoesie; er gehört z. B. zum
unabdingbaren Prinzip der altchinesischen Wortkunst, er liegt
dem chanaanischen und insbesondere dem altbiblischen Vers
zugrunde. Aber auch in jenen Versifikationssystemen, in
denen der grammatische Parallelismus nicht zu den obligatori-
schen Regeln zählt, unterliegt seine kardinale Rolle im Aufbau
und in der Komposition der Verse keinem Zweifel. Die pro-
grammatischen Thesen des Forschers bleiben für alle poetischen Formen in Kraft: »Die Untersuchung des Wortparallelismus wird nach verschiedenen Richtungen hin zu geschehen
haben. Einmal handelt es sich um die *inhaltlichen* Beziehun-

gen der Wortpaare: nach welchen (psychologischen) Gesetzen findet die Parallelisierung statt. Sodann: welche *formale* Übereinstimmung herrscht zwischen den parallelen Worten (bzw. Elementen). Sehr wichtig erscheint auch die Feststellung der *grammatischen* Kategorien, die parallelisiert werden. Weiterhin sind die Begriffskategorien, die parallelisiert werden, und die Beziehungen, die zwischen Wortparallelismus und Alliteration bestehen, zu untersuchen« (*op. cit.*, 179; Hervorhebung des Originals).

Diese Probleme tauchen auf bei aufmerksamer Lektüre des Brechtschen Gedichts *Wir sind sie*, eines Musterbeispiels jener künstlerischen Neuerungen des Dichters, die in seinem Aufsatz *Über reimlose Lyrik mit unregelmäßigen Rhythmen* eine klare Charakteristik erhielten (*Das Wort*, 1939; jetzt auch in *Versuche* 27/32, Heft 12, Berlin 1961, 137-143)[4]. Die Unterdrückung des Reims und der metrischen Norm läßt die grammatische Architektonik des Verses im ganzen Gedicht besonders deutlich hervortreten. In den Kommentaren zu Brechts Schaffen wurden seine bevorzugten Kunstmittel – Kontrastierung zusammengehöriger Sätze, Parallelismus, Wiederholung, Inversion – mit seiner aufschlußreichen Antwort auf die Frage eines Journalisten verglichen, welches Buch den Dichter am meisten beeinflußt hätte; die Antwort lautete: »Sie werden lachen – die Bibel« (*Die Dame*, Berlin, 10. 1. 1928).

Das oben angeführte Gedicht besteht aus vier Strophen, entsprechend der Zahl der »vier Agitatoren« in Brechts Lehrstück, die vor einem Gericht des »Kontrollchores« ihr Gespräch mit dem von ihnen getöteten »jungen Genossen« wiedergeben: »Sie stellen sich drei gegen einen auf, einer von den vieren stellt den jungen Genossen dar.« Die erste Strophe gibt die Rede des jungen Genossen wieder, die übrigen drei Strophen sind den Agitatoren in den Mund gelegt, wobei laut Anweisung des Verfassers »der Text der drei Agitatoren aufgeteilt werden kann« (354)[5]. Die Länge der vier Strophen ist verschieden: auf zwei Vierzeiler (I, II) folgt ein Achtzeiler (III) und ein Fünfzeiler (IV). Gemäß der skurrilen und aufdringlich konsequenten Interpunktion Brechts enthalten die Strophen mit der geringsten Verszahl, nämlich die beiden ersten Strophen, je vier Gesamtsätze (*sentences*), die Strophen mit mehr als vier Versen, nämlich die beiden letzten, je drei.

Auf die vier Fragesätze der ersten Strophe, die je einen Vers einnehmen, antwortet die zweite Strophe mit Aussagesätzen zu wiederum je einem Vers. Sowohl die dritte als auch die vierte Strophe enden auf je zwei Ausrufesätze, wobei der Fragesatz der vierten Strophe an die vier Fragesätze der ersten Strophe anklingt. Der erste Satz der dritten Strophe ist seinerseits mit den vier Aussagesätzen der zweiten Strophe durch seine Aussageform innerlich verwandt. In diesem syntaktischen Zug, wie auch in einer ganzen Reihe anderer grammatischer Eigenheiten, offenbart sich die geschlossene Komposition des Gedichts. Das folgende Schema gibt die syntaktischen Entsprechungen innerhalb der Strophen wieder:

$$
\begin{array}{llll}
\text{I} & ???? & \text{II} & .... \\
\text{IV} & ?!! & \text{III} & .!!
\end{array}
$$

Das Bertolt Brecht-Archiv in Berlin hat uns liebenswürdigerweise den gleichen Text in zwei verschiedenen Varianten zur Verfügung gestellt, die im Zuge der Arbeit Brechts an seinem Lehrstück *Die Maßnahme* entstanden waren (die erste Variante trägt die Signatur 460/33, die zweite die Signatur 401/32-33). Ein Vergleich der beiden Varianten untereinander ebenso wie eine Gegenüberstellung der in den Drucktext des Lehrstücks aufgenommenen Version mit der endgültigen Redaktion des in den Band *Lieder Gedichte Chöre* aufgenommenen Gedichts zeigt, daß sich die ursprüngliche Phrasierung des Textes von der späteren Redaktion immerhin unterschied. Sowohl in den beiden Varianten des Brecht-Archivs, als auch im Drucktext des Lehrstücks stand am Ende des Verses „*In deinem Anzug steckt sie, Genosse, und denkt in deinem Kopf* noch kein Punkt, wobei Brecht ganz allgemein das Komma am Versende hartnäckig ausließ. In der älteren handschriftlichen Version lautete der 18. Vers ursprünglich »aber *wer weiss ihn? und* wenn ihn einer weiss«, doch wurden die hier durch Kursivschrift hervorgehobenen Worte der Maschinenschrift später vom Autor selbst getilgt. Im Urtext sah die Verteilung der Sätze innerhalb der Strophen folgendermaßen aus:

$$
\begin{array}{llll}
\text{I} & ???? & \text{II} & ... \\
\text{IV} & ??!! & \text{III} & .!!
\end{array}
$$

Der gemeinsame Nenner der Strophen I und II ließe sich demnach folgendermaßen formulieren: alle Sätze umfassen je einen Vers und sind innerhalb der Strophe syntaktisch gleich-artig; die Strophen III und IV enden auf je zwei Ausrufesätze; die Strophen I und IV enthalten je vier, die Strophen II und III je drei Sätze; außer den beiden Ausrufesätzen, die sowohl die dritte als auch die vierte Strophe beschließen, sind alle Sätze in der ersten und der vierten Strophe Fragesätze, in der zweiten und dritten Strophe Aussagesätze.

Nicht nur die Verteilung grammatisch verschiedener Satzty-pen, sondern vor allem die Verteilung der grammatischen Kategorien innerhalb der vier Strophen zeigt eindeutig, daß das Gedicht in zwei *Paare* von Strophen gegliedert ist, in ein Anfangspaar und in ein Endpaar. Die grammatischen Über-einstimmungen zwischen den beiden Strophen innerhalb jedes dieser Paare kann man als Binnenpaar-Entsprechungen anse-hen. Solche Binnenpaar-Entsprechungen gibt es sowohl inner-halb des Anfangs- als auch innerhalb des Endpaares. Anderer-seits lassen sich grammatische Eigentümlichkeiten feststellen, die je zwei Strophen verschiedener Paare eigen sind, mit anderen Worten Zwischenpaar-Entsprechungen. Es ist be-zeichnend, daß das Gedicht *Wir sind sie* eigentlich keine grammatischen Übereinstimmungen zwischen den beiden un-geraden und den beiden geraden Strophen kennt, wobei aber andererseits gemeinsame Züge die zweite Strophe mit der dritten und die erste Strophe mit der vierten verbinden. Dies bedeutet so viel, daß die beiden Strophenpaare hier nicht durch direkte, sondern durch Spiegelbildsymmetrie miteinan-der verknüpft sind, wobei alle vier Strophen ein geschlossenes grammatisches Ganzes bilden: die erste Strophe steht in Kor-relation mit der zweiten, die zweite mit der dritten, die dritte mit der vierten und die vierte mit der ersten. Die grammati-schen Entsprechungen zwischen der Anfangs- und der End-strophe werden im weiteren als *periphere*, die zwischen der zweiten und der dritten Strophe als *mittlere* Entsprechungen bezeichnet. Aus dem Vergleich der Verteilung der Gesamtsät-ze in den Strophen verschiedener Redaktion geht hervor, daß der Urtext Zwischenpaar-Entsprechungen bevorzugte, wäh-rend die Endfassung den Binnenpaar-Entsprechungen den Vorrang gab.

Der weitere Textabschnitt, der dem hier wiedergegebenen Gespräch des »jungen Genossen« mit den Agitatoren folgt, die Chornummer *Lob der Partei*, ist zugleich mit den übrigen Tiraden des Kontrollchores dazu berufen, in Brechts Stück eine rein organisatorische, strategische Rolle zu spielen. Dies hängt wiederum mit der Forderung des Dichters zusammen, »melodische Buntheit zu vermeiden« (352)[6]. Das Streben nach einheitlicher Form dieses Chorals offenbart sich in einem kanonischen, wahrlich biblischen Parallelismus, der den ersten vier der sechs Zweizeiler dieses Panegyrikums zugrunde liegt:

1 Der Einzelne hat zwei Augen
2 Die Partei hat tausend Augen.

3 Die Partei sieht sieben Staaten
4 Der Einzelne sieht eine Stadt.

5 Der Einzelne hat seine Stunde
6 Aber die Partei hat viele Stunden.

7 Der Einzelne kann vernichtet werden
8 Aber die Partei kann nicht vernichtet werden.

Abgesehen von der strengen grammatischen und lexikalischen Symmetrie, wird jedes Verspaar durch dreifache Klangwiederholung zusammengeschweißt: 1 Einzelne – zwei – 2 Partei; 1 Augen – 2 tausend – Augen; 3 Partei – 4 Einzelne – eine; 3 sieht – sieben – 4 sieht; 5 Einzelne – seine – 6 Partei; 7 vernichtet – 8 nicht – vernichtet.

Das Gedicht *Wir sind sie,* welches im Lehrstück vor dem Panegyrikum steht, im Sammelband *Lieder Gedichte Chöre* aber unmittelbar auf dieses *folgt,* verwendet, bei aller Launenhaftigkeit seiner Komposition, überaus anschaulich die Gegenüberstellung gleichförmiger syntaktischer Konstruktionen, und zwar unter Ausnützung gleichartigen Wortmaterials:

3 Wer aber ist die Partei?
4 Wer ist sie?

5 Sind ihre Gedanken geheim,
ihre Entschlüsse unbekannt?

7 In deinem Anzug steckt sie, Genosse,
und denkt in deinem Kopf.

8 Wo ich wohne, ist ihr Haus,
und wo du angegriffen wirst, da kämpft sie.

Der Text ist durchwirkt von so typischen Äußerungen des Parallelismus wie etwa der Wiederholung einzelner Wörter oder ganzer Wortgruppen (z. B. $_{14,16,21}$*Trenne dich nicht von uns!*), oder der Variation einzelner Wörter, d. h. der Ausnützung verschiedener Glieder eines Paradigmas bzw. verschiedener Bildungen von ein und derselben Wurzel: $_2$*in einem Haus* – $_8$*ihr Haus*, $_{9,11}$*den Weg* – $_{17}$*der Weg*, $_{9,15}$*wir* – $_{11,12}$*ohne uns* – $_{14,16}$*von uns*, $_9$*gehen sollen* – $_{10}$*werden gehen* – $_{11}$*gehe*, $_9$*zeige* – $_{19}$*zu zeigen*; $_3$*Gedanken* – $_7$*denkt*, $_{11}$*richtigen* – $_{15}$*recht haben*, $_{18}$*weiss* – $_{19}$*Weisheit* – $_{20}$*weise*.

Sowohl das Polyptoton als auch das Paregmenon lassen die grammatischen Kategorien um so schärfer hervortreten, so daß ihre Verteilung zu einem erstrangigen Faktor des gesamten Gedichtes wird.

Innerhalb des Gesamttextes, der 142 Wörter zeigt, bietet das quantitative Verhältnis zwischen den einzelnen Wortklassen eine Reihe charakteristischer Eigentümlichkeiten. Das Gedicht enthält 13 substantivische Nomina und 40 substantivische Pronomina, ferner 8 adjektivische Nomina und ebenso viele adjektivische Pronomina, denen sich 7 Artikelformen hinzugesellen (eine *Null*form des unbestimmten Artikels steht außerhalb der von uns gezählten tatsächlich vorhandenen Wörter). Bei Vorhandensein von 6 pronominalen Adverbien fehlen nominale Adverbien völlig. Die Verben sind durch 20 lexikalische und 13 formale Verben vertreten, die sich von den ersteren nicht nur durch ihren semantischen Bau und ihre syntaktische Funktion, sondern auch durch spezifische Eigentümlichkeiten im Paradigma des Präsens unterscheiden: $_{1,4,12,17}$*ist*, $_{3,5}$*sind*, $_{20}$*sei*, $_8$*wirst*, $_{10}$*werden*, $_9$*sollen*, $_{16}$*kannst*, $_{15}$*können*, $_{19}$*vermag*. Fügt man die 61 Pronomina (einschließlich der 7 Artikelformen) die 13 formalen Verben und die 27 »Partikeln« (Präpositionen, Konjunktionen, Modalpartikel) hinzu, so ergibt sich, daß 101 Wörter, d. h. über 70% der Gesamtwortzahl des Gedichts auf formale, grammatische Wörter (Greimas' *mots-outils*) entfallen.[7] Während in den lexikalischen Wörtern (*mots pleins*) die Wurzelmorpheme eine lexikalische, alle übrigen Morpheme (Affixe) dagegen eine grammatische, formale Bedeutung haben, besitzen die formalen Wörter, und zwar sowohl die mono- wie die polymorphematischen, keinerlei Morpheme mit lexikalischer Bedeutung, so daß jedes vorhandene Morphem lediglich eine formale Bedeutung besitzt.[8] Ein formales Wort gibt keinerlei konkrete, materielle Charakteristik, es nennt weder noch beschreibt es irgendwelche Erscheinungen an sich; es zeigt bloß die Beziehungen an, die zwischen den Erscheinungen bestehen, und bestimmt sie. Bezeichnenderweise weichen in diesem Gedicht die Nomina vor den Pronomina zurück, die die Verbindung zwischen der bezeichneten Erscheinung mit dem Kontext und dem Redeakt herstellen. In dieser pronominalen Manier findet offenbar jene Einstellung auf Sprechbarkeit ihren krassesten Ausdruck, die mit der Bühnenerfahrung Brechts aufs engste zusammenhängt und in seinem Aufsatz *Über reimlose Lyrik mit unregelmäßigen Rhythmen* beschrieben ist: »Ich dachte immer an das Sprechen. Und ich hatte mir für das Sprechen (sei es der Prosa oder des Verses) eine ganz bestimmte Technik erarbeitet. Ich nannte sie gestisch. Das bedeutete: die Sprache sollte ganz dem Gestus der sprechenden Person folgen« (139).[9]

In der Sprache kommt die deiktische Natur des Pronomens dem Gestus am nächsten, und es ist wohl kein Zufall, daß der Verfasser acht Verse Lucretius' mit 16 Pronomina als anschauliches Beispiel des Reichtums an gestischen Elementen anführt. Denken wir nur an jene durchweg pronominalen Zeilen Brechts, von denen die mittlere als fakultativer Titel des ganzen Gedichts verwendet wurde. Diese drei Zeilen bestehen aus dreizehn Formalwörtern, unter ihnen befinden sich neun Pronomina:

4 Wer ist sie?
5 Wir sind sie!
6 Du und ich und ihr – wir alle.

Es ist zu erwarten, daß die zahlreichen Pronomina des Gedichts *Wer aber ist die Partei,* insbesondere aber die 38 persönlichen und die entsprechenden possessiven Formen, d. h. 51% aller deklinierbaren Wörter, im Aufbau des Gedichts sowie in dessen dramatischer Entfaltung eine ganz wesentliche Rolle spielen.

Zu den Binnenpaar-Entsprechungen gehört das Auftreten der femininen Form *sie* und des entsprechenden Possessivs *ihr* nur in der ersten und zweiten Strophe: beide Strophen enthalten je vier Belege, wobei in jeder der beiden Strophen je zwei dieser Belege auf eine Zeile entfallen, während je zwei Zeilen je ein Beispiel enthalten. Erst in der dritten und vierten Strophe tauchen Personalpronomina in obliquen Kasus auf: *uns* fünfmal in der dritten und viermal in der vierten Strophe, *dich* zweimal in der dritten und einmal in der vierten Strophe. Die ersten beiden Strophen enthalten fünfzehn substantivische Pronomina im Nominativ und kein einziges in einem obliquen Kasus. In den Strophen III und IV verknüpft das Pronomen *der, die, das* den Hauptsatz mit dem Nebensatz der Anfangszeile: ₉*Zeige uns den Weg,* den *wir gehen sollen* und ₁₇*Dass der kurze Weg besser ist als der lange,* das *leugnet keiner.*

Es sei hier, was die Zwischenpaar-Entsprechungen betrifft, vermerkt, daß der Nominativ der persönlichen und possessiven Pronomina der 1. und 2. Person in den Strophen I und IV fehlt, während das Pronomen *du* je zweimal in Strophe II und III auftritt, das Pronomen *wir* zweimal in II und dreimal in III, die Pronomina *ich, ihr* und *dein* aber ausschließlich in Strophe II. Darüber hinaus erscheint das Interrogativpronomen nur in den peripheren Strophen: zweimal (im Nominativ) *wer* in I und einmal (im Akkusativ) *was* in IV. Schließlich ist das Vorkommen des unbestimmten Artikels *einer* in IV als Widerhall des unbestimmten Artikels in I aufzufassen, wobei hier die Form *ein* und die Null-Form des Plurals (₂*in einem Haus mit Telephonen*) auftritt.

Das Gedicht enthält 13 Substantive, von denen nur die Anrede *Genosse,* die außerhalb der Sätze steht, die Kategorie der Belebtheit aufweist. Von den übrigen zwölf Substantiven treten vier im ersten, zwei im zweiten Strophenpaar im Nominativ auf, ebensoviel (4 + 2) in merkmalhaltigen, d. h. obliquen Kasus. Davon stehen drei abstrakte Substantive (₂*Gedanken, Entschlüsse,* ₁₉*Weisheit*) und ein Kollektivum (₁*Partei*) nur im Nominativ, wobei sie ausschließlich den peripheren Strophen angehören, während die eigentlichen unbelebten Dingnamen entweder nur in präpositionalen Verbindungen im Dativ und nur im *ersten* Strophenpaar stehen, oder aber sie stehen erst in einem obliquen Kasus und nehmen beim Übergang in die folgende Strophe die Nominativform an: dies ist das statische Bild des Anfangspaares ₂*in einem Haus –* ₈*ist ihr Haus,* und das dynamische Bild des Endpaares ₉*den Weg,* ₁₁*den richtigen Weg –* ₁₇*der kurze Weg.* Es sei noch am Rand vermerkt, daß feminine Substantive nur in den Fragesätzen der peripheren Strophen stehen: ₁die Partei? | – ₁₉Weisheit? | .

Von den substantivischen Pronomina der 3. Person bezieht sich jedes ausnahmslos auf ein unbelebtes Nomen: sie = die Partei, er = der Weg. Zusammen mit dem Interrogativpronomen ₁,₄wer, welches den Text eröffnet, kündigt die Verwendung des anaphorischen ₂,₄sie (und ihre) für das Substantiv Partei den Übergang zur Kategorie der Belebtheit an, der gleich zu Beginn der zweiten Strophe durch die Gleichsetzung des sie mit wir und durch Verdrängung des ersten Pronomens durch das zweite in den beiden Endstrophen vollzogen wird. Die Überzeugungskraft einer solchen Metamorphose ist gestützt durch die synekdochische Annäherung dieses sie an die eigentlich persönlichen Pronomina im Singular: ₇in deinem Anzug steckt sie, Genosse, und denkt in deinem Kopf. | Wo ich wohne, ist ihr Haus, und wo du angegriffen wirst, da kämpft sie.

Lediglich in der ersten Strophe gibt es pluralistische Substantive: ₂mit Telefonen, ₃Gedanken, Entschlüsse. Diese Pluralia bereiten gleichsam den Platz für den Plural der Personalpronomina vor, den sie dann in den Strophen II-IV an diese abtreten, insbesondere an die Formen wir (II-III) und uns (III-IV). Im Verse ₆Du und ich und ihr – wir alle schließt das Pronomen wir nicht nur den Sprecher ich und den direkt Angesprochenen du ein, sondern auch eine Vielzahl namenlos Angesprochener – ihr. Eine gegenseitige Implikation verbindet auf Biegen und Brechen die Formen du (II-III) und dich (III-IV) mit den Formen wir (II-III) und uns (III-IV). Das ich fordert die Teilnahme des du im gleichen Vers: ₆Du und ich, . . ., ₈Wo ich . . . und wo du . . . In der zweiten Strophe sind sowohl das ich als auch das du Teile des kollektiven wir alle; dabei ist hier wir gleichgesetzt mit jedem dieser Teile, ja mehr noch, wir ist unabtrennbarer Teil sowohl des ich als auch des du. Ist aber das du in dieser Strophe ein pars pro toto und wir ein totum pro parte, so ändert sich dieses Verhältnis kraß in den folgenden Strophen: der innere, synekdochische Zusammenhang verwandelt sich mit einem Schlag in eine metonymische äußere Affinität und steigert sich zu einem tragischen Konflikt zwischen dem Einzelnen und dem Kollektiv: es kommt zum »Verrat«, wie Brecht die ganze Szene mit diesen Versen in seinem Stück genannt hatte. Das inklusive *wir*, welches den Angesprochenen einschließt, wird abgelöst vom exklusiven *wir*, welches der zweiten Person gegenübergestellt ist.[10] Die semantische Labilität und die innere Widersprüchlichkeit, die dem Personalpronomen der 1. Person Plural innewohnt, wird zum Leitmotiv im *Lied des Kulis*, welches Brecht ursprünglich (1930) in sein Lehrstück *Die Ausnahme und die Regel* aufgenommen hatte (vgl. *Versuche* 22/23/24, Heft 10, Berlin 1961, 156 f.)[11], das aber später selbständig unter dem vielsagenden Titel *Lied vom ich und wir* gedruckt wurde (vgl. *Gedichte* III, Frankfurt/M., 1961, 211)[12]. Die Endstrophe dieses Lieds entblößt die metasprachliche, pronominale Thematik:

> Wir und ich: ich und du
> das ist nicht dasselbe.
> Wir erringen den Sieg
> Und du besiegst mich.

Die Formen *du* und *wir* gehen aus der zweiten Strophe in die dritte über, aber außer dem Nominativ, dem einzigen Kasus der Personalpronomina in den beiden Anfangsstrophen, tauchen in der dritten Strophe der Akkusativ $_{14,16}$*dich* auf neben dem Nominativ $_{10,15}$*du* und die akkusativisch-dativische Form $_{9,11,12,14,16}$*uns* neben dem Nominativ $_{9\,bis,\,15}$*wir*; darüber hinaus erhält hier ein neues zentrales Motiv – *der Weg* – eine anaphorische Bezeichnung im Nominativ $_{12}$*er* und im Akkusativ $_{10}$*ihn*. Somit treten die pronominalen Mitwirkenden am Sujet des Gedichts zum ersten Mal in der dritten Strophe in der Rolle der Objekte der Handlung auf. Es ist hervorzuheben, daß von den acht lexikalischen Verben der dritten Strophe sechs, in der vierten Strophe alle fünf den Akkusativ regieren, während in den beiden Anfangsstrophen weder ein Akkusativ noch ein präpositionsloser Dativ vorkommt und die transitive Konstruktion durch eine Passivform ersetzt ist: $_8$*wo du angegriffen wirst*. Den Präpositionalfügungen der Anfangsstrophen fehlt jedwede Dynamik: $_2$*in einem Haus mit Telefonen*, $_7$*in deinem Anzug . . .in deinem Kopf*. Demgegenüber sind in den beiden Endstrophen fast alle Kasusformen durch das ablativische Motiv der Trennung zusammengefaßt: $_{11}$*Gehe nicht von uns*; $_{12}$*ohne uns*; $_{14,16,21}$*Trenne dich nicht von uns.* Innerhalb der beiden Anfangsstrophen treten in den obliquen Kasus nur Substantive, und zwar nur in Verbindung mit Präpositionen auf, während sich in den beiden Endstrophen ausschließlich Pronomina mit Präpositionen verbinden.

Die Fragen und Antworten der beiden Anfangsstrophen befassen sich mit den inneren Beziehungen der Erscheinungen unabhängig von deren weiterer Entwicklung und möglichen praktischen Schlußfolgerungen; in der dritten Strophe sind dagegen die beiden Brennpunkte des Schemas – *du* und *wir* – ebenso wie die Resultante der beiden Kräfte – *er,* nämlich der gesuchte Weg – nacheinander in verschiedener perspektivischer Verkürzung gegeben. Das Thema der Kollisionen und ihrer Überwindung wird immer eindringlicher. In der Schlußstrophe schwindet der selbstgenügsame Nominativ aller drei Pronomina vollends und räumt seinen Platz zur Gänze den obliquen Formen $_{21}$*dich,* $_{18}$*ihn* und $_{19\,bis,\,20,21}$*uns* ein. Und wenn das betont unpersönliche anaphorische *sie* ($_4$*Wer ist sie?*) in der zweiten Strophe vom persönlichen *Wir* abgelöst wurde, so ist andererseits das persönliche *du* in der vierten Strophe polemisch durch den entpersonifizierenden Nominativ $_{18}$*einer* ersetzt.

Zu den Neuerungen, die die Endstrophen von den Anfangsstrophen abheben, gehören auch syntaktische Vergleiche, die Konfrontation zweier mit einem Mal getrennter Faktoren: $_9$*wir | Werden ihn gehen wie du* oder zweier entgegengesetzter Wege, von denen »wir« den einen für richtig halten und »du« den anderen: $_{17}$*der kurze Weg besser ist als der lange.* Nebenbei bemerkt steht in der gedruckten Ausgabe des Lehrstücks *wie der lange,* und diese umgangssprachliche Form verband syntaktisch den zweiten Vergleich mit dem ersten.

Von der Bildhaftigkeit der Anfangsstrophen gehen die weiteren Strophen zu einem rückhaltlosen Ansturm sich wiederholender Stoßparolen über. Der passiven Aufeinanderfolge von Verben im merkmallosen indikativen Modus in den beiden Anfangsstrophen stehen in den Endstrophen (neben fünf indikativischen Formen) sechs imperativische und fünf Verbindungen von Modalverben mit dem Infinitiv gegenüber: $_9$*gehen sollen,* $_{10}$*werden gehen,* $_{15}$*können irren, kannst recht haben, vermag zu zeigen.* Ganz allgemein kennzeichnet die beiden

Endstrophen der Sättigungsgrad mit merkmalhaften Kategorien: es sind dies die merkmalhaften Modi und Kasus, ebenso wie die 20 Pluralformen der Personalpronomina, gegenüber nur dreien in den beiden Anfangsstrophen. Bezeichnenderweise bildet das Formalverb *werden*, welches in den beiden inneren Strophen vorkommt, in der zweiten Strophe (mit dem Partizip) die Diathese, in der dritten Strophe dagegen (mit einem Infinitiv) eine Modalform: $_8$*angegriffen wirst* und $_{10}$*werden gehen*.

Parallel mit dem Imperativ und mit den übrigen merkmalhaften modalen Formen dringen in den Text Verneinungssätze ein, die der ersten und zweiten Strophe fremd sind. Die Negation *nicht* wird fünfmal in den Endstrophen wiederholt. Außerdem erscheint in der vierten Strophe das Negativpronomen $_{17}$*keiner* und die rhetorische Frage $_{19}$*was nützt uns* in der Bedeutung ›es nützt uns nicht‹.

Alle pronominalen Bezeichnungen der Helden werden von verstärkenden Anklängen im Kontext des Gedichts begleitet. Dementsprechend ist die Form $_2$*Ist sie* der ersten Niederschrift (460/33) im zweiten maschinenschriftlichen Manuskript (401/33) zunächst beibehalten und später gestrichen worden, um durch eine neue, mit Bleistift geschriebene Version *Sitzt sie* ersetzt zu werden. So lautet auch die endgültige Fassung der beiden Anfangsstrophen: $_2$*Sitzt sie* – $_3$*Sind* $_4$*sie* | – $_5$*sind sie* | – $_7$*sie* – $_8$*sie*. Es ist charakteristisch, daß die die zweite Strophe eröffnende Verbindung *Wir sind sie* vom deutschen Leser als Verletzung der syntaktischen Norm aufgefaßt wird und daß in den weiteren Strophen zusammen mit dem *sie* auch das *sind* verschwindet. Das Pronomen $_5$*wir* ist durch die Assonanz mit dem $_1$*Wer* der ersten Strophe mitbestimmt. Die die erste Strophe abschließende Frage $_4$*Wer ist sie?* wird an der Schwelle der zweiten Strophe durch parallele Phoneme und Formen der Antwort $_5$*Wir sind sie* abgelöst. Den grammatisch und phonologisch gleichartigen Kontext unterstreichen die Wiederholungen $_5$*wir* – $_6$*Du und ich und ihr* – *wir alle* | $_8$*Wo* – *wohne* – *wo* – *wir*st. Die dritte Strophe schafft eine enge Alliterationsverbindung zwischen den Wörtern *wir* und *Weg*, von denen das zweite auch in die folgende Strophe übergeht, so daß beide Strophen in ein Netz identischer Anlautkonsonanten verstrickt werden: $_9$*Weg* – *wir* – *wir* | – $_{10}$*Werden* – *wie* – $_{11}$*Weg* | –

$_{15}$Wir – $_{17}$Weg – $_{18}$wenn – weiß | $_{19}$was – Weisheit | – $_{20}$weise.
Die die beiden Endstrophen durchdringende oblique pronominale Kasusform *uns* ist durch die Wiederholung der anklingenden Konjunktion *und* vorbereitet und gestützt: $_6$und –
und – $_7$und – $_8$und – $_9$uns – und – $_{11}$uns – $_{12}$uns – $_{14}$uns | $_{15}$und
– $_{16}$uns | – $_{19}$Und – uns – uns – $_{20}$uns – $_{21}$uns |.

Dem Verdacht über die Wohnstätte der Partei und über die Rätselhaftigkeit ihrer Bestrebungen und Ratschlüsse, der in den eindringlichen Fragen der ersten Strophe aufklingt, wird durch die Assonanzen der folgenden Strophe aufs entschiedenste begegnet: $_1$... *die Partei?* $_2$... *in* einem *Haus*...? | $_3$... Gedanken ge*h*eim, ... *un*be*k*annt? – $_7$*In* *d*einem Anzug steckt *sie*, Gen*osse*, *u*nd denkt in deinem Kopf. | $_8$... ange-griffen ... kämpft. Nicht *in* einem Haus, sondern *in* deinem Anzug und *in* deinem Kopf steckt und denkt die Partei, wie der eigenartige Rührreim der zweiten Strophe antwortet, wobei das anlautende *d* des Pronomens der 2. Person durch diese und durch die folgenden Strophen hindurchgeht: $_6$*Du* – $_7$deinem – denkt – deinem – $_8$du – da – $_9$den Weg, den – $_{10}$du – $_{11}$den – $_{13}$Der – $_{14}$dich – $_{15}$du – $_{16}$dich – $_{17}$Daß der – der – das – $_{21}$dich.

Die Kette identischer Diphthonge (*Part*ei – *in* einem – ge*h*eim), durch die die Andeutungen des jungen Genossen über die Entfremdung der Partei zusammengehalten werden, wird durch zweifache Bestätigung der unverbrüchlichen Verbindung zwischen ihm und der Partei pariert: $_7$*in* deinem usw.

Der Kontrast *einem* – *deinem* der Anfangsstrophe findet seinen Widerhall im umgekehrten Kontrast der Endstrophe $_{17}$*keiner* – $_{18}$*einer*. Wenn sich die Partei aus dem gesichtslosen *sie* der ersten Strophe im weiteren in ein pluralisches persönliches *wir* verwandelt, so wird im Gegensatz dazu das persönliche *du* der beiden inneren Strophen durch ein degradierendes, unbestimmtes *einer* ersetzt. Nur in den geraden Strophen treten universale Pronomina auf: das positive *alle* in II und das negative *keiner* in IV– wohl das einzige Beispiel einer direkten Symmetrie innerhalb der Strophenpaare des Gedichts, wenn man von Alternation der merkmalhaften Kasus in den ungeraden Strophen mit dem Nominativ der gleichen Nomina in den folgenden geraden Strophen absieht (s. oben).

Doch im Gegensatz zur Solidarität zwischen dem *wir* und

dem *alle* der zweiten Strophe bilden die Pronomina *keiner*
und *einer*, von denen Peirce das erste zu den *universal selecti-*
ves, das zweite zu den *particular selectives* rechnet[14], eine tiefe
Antinomie. Die Entzweiung zwischen dem jungen Genossen
und der Partei, die in der ersten Strophe die Frage nach der
Entfremdung der Partei bewirkt hatte, suggeriert gegen
Schluß die fatale Folgerung über die Entfremdung des Genossen selbst. Das Pronomen *keiner*, hervorgehoben durch einen
Chiasmus der Alliterationen – ₁₇*daß der kurze Weg besser ist*
als der lange, das leugnet keiner – andererseits das Pronomen
einer und das entsprechende Possessiv *seine*, diese drei pronominalen Nominative verleihen der ganzen Strophe ein einheit-
liches diphthongisches bleitootiv: ₁₇*leugnet keiner* | – ₁₈*einer*
weiss | – ₁₉*zeigen – seine Weisheit* | – ₂₀*Sei bei uns weise!* |[15]. In
jedem dieser vier Verse klingt unter der Endbetonung der
gleiche Diphthong auf, den Zwielaut der Koda des ersten
Verses aufgreifend: *Wer aber ist die Partei?* und derselbe
Diphthong begleitet im weiteren Verlauf die Entwicklung
desselben Themas in der folgenden Erwiderung des Kontroll-
chores *Lob der Partei:* ₁*Der Einzelne hat zwei Augen* | ₂*Die*
Partei hat tausend Augen | ₃*Die Partei* – ₄*der Einzelne – eine –*
₅*Der Einzelne – seine –* ₆*die Partei –* ₇*Der Einzelne –* ₈*die*
Partei.

Die erwähnte Verallgemeinerung des Diphthonges /ai/ in
der letzten betonten Silbe der ersten vier Zeilen der Strophe IV
des Gedichts *Wir sind sie* gehört erst der Endredaktion an: im
zwanzigsten Vers bieten die früheren Niederschriften und der
Drucktext des Lehrstückes *Die Maßnahme* eine andere Wort-
folge: *Sei weise bei uns!* Diese Version bewahrte einen strengen Parallelismus zum folgenden Vers: ₂₁*Trenne dich nicht*
von uns! und eine deutliche dreifache Paronomasie ₁₈*einer*
weiß | – ₁₉*seine Weisheit* | – ₂₀*sei weise* . . . Andererseits ver-
schärft die Endredaktion das Paregmenon, indem sie alle drei
aufeinanderfolgenden Verse auf verwandte und gleichklingen-
de Wörter ausgehen läßt und damit das Mittelglied und die
zentrale Koda der ganzen fünfzeiligen Strophe hervorhebt.

₁*Die Partei,* das erste Substantiv des Gedichts, und das letzte
Nomen ₁₉*Weisheit,* beide im gleichen Kasus, unterscheiden
sich von anderen substantivischen Nomina auch durch das
gleiche Genus; beide lassen den Vers auf den gleichen Diph-

thong ausklingen und stehen beide am Schluß einer Frage, der ersten und der letzten Frage des ganzen Textes, der Frage nach der Partei, die den Abtrünnigen so sehr bewegt (*₁ Wer ist die Partei?*) und die im Namen der Partei vorgebrachte Frage nach dem klügelnden Abtrünnigen. Abstrakte Nomina verbinden den dritten Vers der Anfangsstrophe mit dem dritten Vers der Endstrophe. Die einleitende Strophe stellt die geheimen Absichten der Partei in Frage: *₃Sind ihre Gedanken geheim, ihre Entschlüsse unbekannt?* Die Endstrophe reagiert darauf mit einer schon von vornherein beantworteten Frage, ob denn der Weitblick individueller verborgener Absichten von gesellschaftlichem Nutzen sei: *₁₉was nützt uns seine Weisheit?*

Die im eingangs angeführten Zitat Arnold Zweigs erwähnten Gesetze der Interferenz und des Sichkreuzens werden anhand des untersuchten Gedichts anschaulich illustriert. Die grammatische Architektonik des Gedichts verbindet zwei Gliederungsprinzipien: das Prinzip der Aufgliederung des Gedichts in je zwei Paare von Strophen, also eine doppelte Dichotomie, mit einem anderen Prinzip, welches, im Unterschied zum vorangehenden, kein Vielfaches voraussetzt und folglich ein Zentrumsprinzip darstellt. Die erste, zweite und vierte Strophe enthalten je vier unabhängige Elementarsätze (*clauses*) mit finitem Verb, während die dritte Strophe vier solcher Elementarsätze im ersten Gesamtsatz (Vers III$_1$-III$_5$) und vier in den beiden folgenden Gesamtsätzen (Vers III$_6$-III$_8$) enthält. Somit zerfällt das Gedicht in fünf symmetrische syntaktische Gruppen mit je vier unabhängigen Elementarsätzen. Nur in den drei letzten Gruppen treten Imperativsätze auf, je zwei von den vier unabhängigen Elementarsätzen jeder Gruppe: der erste und dritte Elementarsatz in der dritten Gruppe, der erste und vierte in der vierten Gruppe, der dritte und vierte in der fünften Gruppe:

1) sie – sitzt – sind – ist
2) sind – steckt und denkt – ist – kämpft
3) *zeige* – werden gehen – *gehe nicht* – ist
4) *trenne dich nicht* – können – kannst – *trenne dich nicht*
5) leugnet – nützt – *sei* – *trenne dich nicht*

Es ist zu erwähnen, daß ursprünglich (in der Niederschrift 401/33) die vierte Gruppe von der dritten durch eine Leerzeile getrennt war, doch hat der Korrekturstift des Dichters das Spatium zwischen Zeile 13 und 14 getilgt.

Von diesen fünf Vierergruppen sind alle drei ungeraden Gruppen durch das Vorhandensein eines adversativen *aber* gekennzeichnet, und nur innerhalb dieser ungeraden Gruppen erscheint in unmittelbarer Nähe der Konjunktion jedesmal der bestimmte Artikel. Dieser Artikel hebt die beiden zentralen substantivischen Nomina des ganzen Gedichts – *Partei* und *Weg* – hervor und stellt sie zur Diskussion. Seiner Funktion nach fällt der Artikel mit dem analogen Demonstrativpronomen zusammen, indem er semantisch dem lateinischen *ille* gleichkommt. In der Anfangsstrophe des Gedichts *Wer aber ist die Partei?* wird das im Titel stehende Nomen durch den Nominativ des bestimmten Artikels eingeführt, unmittelbar auf die Einführungsfrage folgt der parallele Fragesatz des zweiten Verses mit zwei unbestimmten Artikeln im Dativ: die Form *einem* und die Nullform des Plurals $_2$*Sitzt sie in einem Haus mit Telefonen?* Es ist bezeichnend, daß gerade jene Frage durch den unbestimmten Artikel ausgezeichnet ist, die in der nächsten Strophe beseitigt wird: $_8$*Wo ich wohne, ist ihr Haus.*

Entsprechend den drei grammatischen Artikeln der ersten der ungeraden Gruppen enthält die zweite (die mittlere) ungerade Gruppe ihrerseits drei Artikel, diesmal freilich drei bestimmte Artikel männlichen Geschlechts: $_9$*Zeige uns* **den** *Weg . . .* | *. . . aber* | *Gehe nicht ohne uns* **den** *richtigen Weg* | *Ohne uns ist er* **der** *falscheste.*

Schließlich verbinden sich in der dritten ungeraden Gruppe zwei bestimmte Artikel, die sich wiederum auf *Weg* beziehen, mit dem etymologisch und funktionsmäßig verwandten *das*; und wenn in der Anfangsgruppe die adversative Konjunktion der dreigliedrigen Gruppe voranging und in der zweiten Gruppe sich in diese einkeilte, so steht in der Endgruppe die gleiche Konjunktion hinter der entsprechenden Gruppe: $_{17}$*Daß der kurze Weg besser ist als der lange, das leugnet keiner* | *Aber . . .*

Es ist auffallend, daß adjektivische Nomina nur in den ungeraden Gruppen erscheinen: in der ersten und fünften sind es je zwei Beispiele in prädikativer Funktion – $_3$*sind geheim,* *. . . unbekannt* und $_{17}$*besser ist,* $_{20}$*sei bei uns weise,* in der dritten und fünften je zwei Antonyme in attributiver Funktion, einmal mit explizitem, das andere Mal mit impliziertem Beziehungswort: $_{11}$*Gehe nicht ohne uns den richtigen Weg* | $_{12}$*Ohne uns ist er* | $_{13}$*Der falscheste* [Weg] und $_{17}$*Daß der kurze Weg besser ist als der lange* [Weg].

Es zeigt sich, daß hier die Bewertung aufs engste mit den ungeraden Abschnitten, den Knotenpunkten der Kontroverse, verbunden ist. Die zweite der drei ungeraden Gruppen, der mittlere Abschnitt des ganzen Gedichts, verbindet alle vier Elementarsätze, und zwar abwechselnd imperative und deklarative Sätze zu einem einzigen Gesamtsatz, dem längsten Satz des Gedichts. Der auf die adversative Konjunktion folgende negative Aufforderungssatz, der von zwei positiven Aussagesätzen umrahmt ist und der genau den zentralen Vers des ganzen Gedichtes bildet, ist zugleich auch dessen zentraler Leitsatz – $_{17}$GEHE NICHT OHNE UNS DEN RICHTIGEN WEG – während die beiden peripheren *aber* symmetrische Fragesätze einführen.

Das dialektische Spiel der Antonyme verwandelt diesen richtigen Weg unmittelbar in den falschesten, $_{18}$*wenn ihn einer weiß* | *Und vermag ihn uns nicht zu zeigen.* Die Didaktik des Gedichts ist bewußt zweideutig und birgt einen unabwendbaren Konflikt in sich. Der Zweifel – *wer weiß* – war vom Verfasser gestrichen worden und es schien, als sei der zweiten Person das Wissen um den kürzesten, den sichersten Weg zugeschrieben, $_{9}$*den wir gehen sollen und wir* | *Werden ihn gehen*, sobald er uns gezeigt wird. Es schien, als handle es sich hier lediglich um eines: Gehe nicht allein, sondern zeige uns deinen sicheren Weg! Die Mitwirkenden des Lehrstückes geben jedoch diesen Versen einen zutiefst vieldeutigen Sinn. Die Worte – $_{15}$*Wir können irren und du kannst recht haben* – werden vom jungen Genossen wörtlich aufgefaßt: »Weil ich recht habe, kann ich nicht nachgeben.« Die Ratgeber des jungen Genossen interpretieren aber ihre eigene Aufforderung »zeige uns den richtigen Weg« als einen Befehl »zeige, beweise uns die Richtigkeit des eingeschlagenen Weges« (»Versuche uns zu überzeugen«), und ihr hartes Urteil lautet: *Du hast uns nicht überzeugt.*

Die verlockende Bitte – $_{9}$*Zeige uns den Weg, den wir gehen sollen* – klingt in Wirklichkeit wie eine hemmende Frage –

»sollen wir den gehen?« – und das feierliche Gelöbnis – $_9$*und wir* | *Werden ihn gehen wie du* – wandelt sich zu einem unerbittlichen Verbot, den eingeschlagenen Weg fortzusetzen. »Das sichere ist nicht sicher«, sagt der Dichter im *Lob der Dialektik.* Aus der Prämisse $_{13}$*Wir können irren, und du kannst recht haben,* folgert keineswegs die Annahme deines richtigen Weges, sondern der Befehl: $_{15}$*also* | *Trenne dich nicht von uns!* Der Wanderer, der dieses dreifache Gebot überhörte, ist damit unwiederbringlich verurteilt: *Dann muß er verschwinden, und zwar ganz* (347).[16]

»Ich hielt es nicht für meine Aufgabe, all die Disharmonien und Interferenzen, die ich stark empfand, formal zu neutralisieren«, schrieb Brecht über die Quellen seiner dramatischen Poesie (*Über reimlose Lyrik . . .,* 138)[17]: »Es handelte sich, wie man aus den Texten sehen kann, nicht nur um ein ›Gegenden-Strom-Schwimmen‹ in formaler Hinsicht, einen Protest gegen die Glätte und Harmonie des konventionellen Verses, sondern immer doch schon um den Versuch, die Vorgänge zwischen den Menschen als widerspruchsvolle, kampfdurchtobte, gewalttätige zu zeigen.«

Anmerkungen

1 Vgl. *Gesammelte Werke* I, *Stücke* 1, Frankfurt/M. 1967, 656.

2 Vgl. *Gesammelte Gedichte* 1, Frankfurt/M. 1976, 464 f.

3 Wolfgang Steinitz, *Der Parallelismus in der finnisch-karelischen Volksdichtung: FF Communications,* Nr. 115, Helsinki 1934.

4 Vgl. *Gesammelte Werke* VII, *Schriften* 2, Frankfurt/M. 1967, 395-404.

5 Vgl. *Gesammelte Werke* VI, *Schriften* 1, Frankfurt/M. 1967, 1032.

6 Vgl. *Gesammelte Werke* VI, *Schriften* 1, 1031.

7 A. J. Greimas, »Remarques sur la description mécanographique des formes grammaticales«, *Bulletin d'information du Laboratoire d'analyse lexicologique* II, Besançon 1960.

8 Das Wesen der Pronominalität ist von A. M. Peškovskij (*Russkij sintaksis v naučnom osveščenie,* Moskau 1956[7], 155) klar umrissen worden: »Die Paradoxie dieser Wörter besteht . . . darin, daß sie *keinerlei materielle* Bedeutung haben und daß bei ihnen sowohl die Grundbedeutung (die des Stammes) wie auch die zusätzliche Bedeutung (die des Suffixes) formal ist. Man hat sozusagen eine ›Form über

der Form‹. Es ist verständlich, daß in der Grammatik eine derartige Wortgruppe (die es übrigens in jeder Sprache gibt und die natürlich überall im Verhältnis zu allen anderen Wörtern einer Sprache äußerst wenig zahlreich ist) eine ganz besondere Stellung einnimmt; . . . sie ist *rein* grammatisch, da sie ihrer Bedeutung nach ausschließlich formal ist und da ihre Stammbedeutung von allen grammatischen Bedeutungen die *allerallgemeinste* und *allerabstrakteste* ist.«

9 Vgl. *Gesammelte Werke* VII, *Schriften* 2, 398.

10 In der Bühnenbearbeitung des Dialogs ist die gegenseitige Beziehung zwischen dem *du* und dem *wir,* zwischen den »jungen Genossen« und den »vier Agitatoren«, eindrucksvoll durch die Anweisung des Verfassers unterstrichen: Jeder der vier Spieler soll die Gelegenheit haben, einmal das Verhalten des jungen Genossen zu zeigen, daher soll jeder Spieler eine der vier Hauptszenen des jungen Genossen spielen (354)[13]. Diese Umschaltung macht die Rolle der *Wechselwörter (shifters),* die die Personalpronomina nun einmal in erster Linie in der Sprache spielen, zu einem Kunstgriff; vgl. unseren Aufsatz »Verschieber [*shifters*], Verbkategorien und das russische Verb«, *Form und Sinn*, München 1974, § 1.5.

11 Vgl. *Gesammelte Werke* I, *Stücke* 1, 805 f.

12 Vgl. *Gesammelte Gedichte* 4, 1153.

13 Vgl. *Gesammelte Werke* VI, *Schriften* I, 1032.

14 Charles Sanders Peirce, *Collected Writings* 2, Harvard University Press 1932, 164.

15 Daß die Verteilung der Diphthonge, besonders des Diphthongs /ai/ im Gedicht *Wir sind sie* bei weitem nicht zufällig ist, läßt sich anhand statistischer Daten zeigen. In der vierten Strophe entfallen auf 41 Silben zehn /ai/-Diphthonge, namentlich auf die fünf Silben des 20. Verses ganze drei Diphthonge, während nur drei solche Diphthonge auf die 38 Silben der ersten Strophe entfallen; die zweite Strophe, die aus 45 Silben besteht, weist nur zwei Diphthonge auf, die dritte Strophe enthält einen einzigen Diphthong, und zwar in der ersten der 56 Silben der Strophe.

16 *Gesammelte Werke* I, *Stücke* 1, 660.

17 *Gesammelte Werke* VII, *Schriften* 2, 397.

Peter Szondi
Studienausgabe der Vorlesungen in 5 Bänden

stw 2 Theodor W. Adorno
Ästhetische Theorie
Mit einem Begriffsregister
Herausgegeben von Gretel Adorno und Rolf Tiedemann
568 Seiten
Die Ästhetische Theorie ist die letzte große Arbeit Adornos,
die bei seinem Tode kurz vor ihrer Vollendung stand. Sie
sollte neben der Negativen Dialektik und einem geplanten
moralphilosophischen Werk das darstellen, was Adorno »in
die Waagschale zu werfen« hatte.

stw 51 Helmut Arnaszus
Spieltheorie und Nutzenbegriff
Eine marxistische Kritik aktueller ökonomischer Theorien
266 Seiten
Thema des Buches ist die Nutzen- und Spieltheorie in
ihrer Bedeutung für die mathematische Ökonomie. Die
rein formale Behandlung wirtschaftlicher Probleme führt
den Ökonomen leicht dazu, Fragen der philosophischen und
gesellschaftlichen Grundlagen seiner Theorien zu übersehen.

stw 34 W. Ross Ashby
Einführung in die Kybernetik
Aus dem Englischen von Jörg Adrian Huber
416 Seiten
Die Einführung in die Kybernetik ist eines der Standard-
werke der jungen Wissenschaft Kybernetik, nicht zuletzt
durch des Autors didaktisches Geschick der Grundlagenver-
mittlung. Ashby vermeidet es, für den Laien unnötig ver-
wirrende Bereiche der Elektronik und der höheren Mathematik in seine Einführung einzubeziehen und verwendet
statt dessen allgemeinverständliche Beispiele aus dem Alltag.

stw 68 Hans Barth
Wahrheit und Ideologie
331 Seiten
Barths im Jahre 1945 erschienene Untersuchung gilt einem
Begriff, der zunächst rein wissenschaftlich-philosophisch
konzipiert war, nun aber längst in den Sprachgebrauch

der Alltagssprache aufgenommen worden ist und in den verschiedensten Bedeutungen verwendet wird. Barth vertritt die These, daß menschliches Denken immer ideologiehaft sei und geht der Frage nach, unter welchen gesellschaftlichen und ökonomischen Bedingungen Ideologien produziert werden. Die verschiedenen Aspekte dieses Zusammenhangs untersucht er unter anderem an den Werken von Marx, Schopenhauer und Nietzsche.

stw 114 Oskar Becker
Die Grundlagen der Mathematik in geschichtlicher Entwicklung
428 Seiten
»Der Aufgabe, die Mathematik auf die Stufe des historischen Bewußtseins zu heben, ist mit dem vorliegenden Buch ein großer Dienst erwiesen.«   *Paul Lorenzen*

stw 47 Walter Benjamin
Charles Baudelaire
Ein Lyriker im Zeitalter des Hochkapitalismus
Herausgegeben und mit einem Nachwort von Rolf Tiedemann
214 Seiten
»Die Essays sind nicht ... philosophisch-theologisch spekulativ, sondern entwerfen materialreich, doch eher asketisch gegenüber ausgreifenden Deutungen das Bild des Sozialcharakters Baudelaires und des gesellschaftlichen Hintergrundes seiner Dichtung; sie sind glänzende Beispiele literatursoziologisch orientierter Philologie, die vielen Gedichten Baudelaires ihr Licht aufsteckt und einsamen Rang in der Baudelaire-Forschung beanspruchen darf.«
Jörg Drews

stw 4 Walter Benjamin
Der Begriff der Kunstkritik in der deutschen Romantik
Herausgegeben von Hermann Schweppenhäuser
120 Seiten
Man muß den Begriff der Kunstkritik zusammen sehen mit Lukács' *Theorie des Romans* oder den kunstphilosophischen Teilen von Blochs *Geist der Utopie*: schon in dieser frühen Arbeit Benjamins scheint die neue Ästhetik auf, das Bemühen, Ästhetik und Geschichtsphilosophie zu verknüpfen, wie er selber es dann in inzwischen geradezu klassisch gewordener Weise im *Ursprung des deutschen Trauerspiels* verwirklichte.

stw 37 Siegfried Bernfeld
Sisyphos oder die Grenzen der Erziehung
156 Seiten
Bernfeld macht Marx und Freud zu »Schutzpatronen der
neuen Erziehungswissenschaft«. Er will, wenn möglich, den
Determinismus der Vererbungslehre, der Konstitutions-
forschung, der Psychoanalyse, des Darwinismus und den
der Klassenlage überwinden.   *Klaus Horn*

stw 3 Ernst Bloch
Das Prinzip Hoffnung
3 Bände. 1655 Seiten
»Die Utopie, das philosophisch bisher noch nicht zureichend
bedachte Zukünftige, ohne das es kein Gegenwärtiges geben
kann, steht im Zentrum des riesigen Buches ... Wie verwandelt sich Träumen in Begehren, Begehren in Wünschen?
Wie gelangt das Streben nach Glück, ohne dessen messiani-
schen Vorschein kein Jammertag ertragbar wäre, zu der
Entschlossenheit, eine gewaltige Veränderung zu wagen?«
                              Walter Jens in »Die Zeit«

stw 107 Pierre Bourdieu
Zur Soziologie der symbolischen Formen
Aus dem Französischen von Wolfgang Fietkau
201 Seiten
Anders als der »harte Kern« des französischen Strukturalismus dieser Schule demonstriert Bourdieu, daß diese Methode zu Ergebnissen von entschieden politischer Relevanz
führen kann.
Die in diesem Band zusammengestellten Aufsätze diskutie-
ren die erkenntnistheoretischen Implikationen und Voraus-
setzungen der strukturalen Methode auf dem Gebiet der
Soziologie, indem sie im konkreten Fall die Relevanz dieser
Methode für soziologische Probleme aufzeigen.

stw 64 Nikolai Bucharin/Abram Deborin
*Kontroversen über dialektischen und mechanistischen Ma-
terialismus*
Einleitung von Oskar Negt
403 Seiten
Der Band enthält wichtige Dokumente zur Geschichte der
ideologischen Auseinandersetzung innerhalb der sowjeti-
schen kommunistischen Partei, die sich nach Lenins Tod
in der spektakulären Kontroverse über mechanistischen und
dialektischen Materialismus zuspitzte. In dieser Kontro-

verse ging es, wie der Herausgeber bemerkt, nur »vordergründig um die Polarisierung der philosophischen Positionen nach Dialektikern und naturwissenschaftlich orientierten Mechanizisten«. In seinem Einleitungsessay geht Negt dem Problem *Marxismus als Legitimationswissenschaft* nach und untersucht neben dem philosophischen Gehalt der abgedruckten Schriften auch deren politisch-ideologische Funktion.

stw 42 Noam Chomsky
Aspekte der Syntax-Theorie
Aus dem Amerikanischen übersetzt und herausgegeben von einem Kollektiv unter der Leitung von Ewald Lang, Arbeitsstelle Strukturelle Grammatik, Deutsche Akademie der Wissenschaften, Berlin
314 Seiten
In dem Buch wird der Versuch unternommen, jenen Teil einer linguistischen Theorie zu entwerfen, der sich auf die syntaktische, die den Bau des Satzes betreffende Komponente bezieht. Unter der von Chomsky beschriebenen »generativen Grammatik« ist ein System von Regeln zu verstehen, mit denen eine beliebige Zahl von Sätzen erzeugt werden kann. Jeder Sprecher hat sich eine solche generative Grammatik offenbar vollständig angeeignet.

stw 10 *Einführung in den Strukturalismus*
Mit Beiträgen von Ducrot, Todorov, Sperber, Safouan und Wahl
Aus dem Französischen von Eva Moldenhauer
480 Seiten
Die Essays zum Strukturalismus gehen nicht von einer Apriori-Definition einer so zu nennenden strukturalen Methode aus, was nach Ansicht der Autoren nicht möglich ist. Vielmehr überprüfen die Verfasser – alle Strukturalisten der zweiten Generation – an ihrem jeweiligen Forschungsgebiet, was ihr Strukturalismus überhaupt sei.

stw 16 Erik H. Erikson
Identität und Lebenszyklus
Drei Aufsätze. Aus dem Amerikanischen von Käte Hügel
224 Seiten
»Erikson verfügt über die Fähigkeit, Tatsachen verschiedener Fachgebiete sowohl isoliert aufzuzeigen als auch zu seiner Idee von der Identitätssuche des Menschen, der

biologischen, kulturellen und psychodynamischen Lebens-
zyklen unterworfen ist, zu synthetisieren. Die Arbeiten
sind ein Stimulans für jeden, dessen Denken ... bereit
ist, den Umweltraum wie den Inweltraum des Menschen
gemäß der Anforderung eines präsumptiv ›Humanen‹ zu
verändern.« *Helmut Junker, Das Argument*

stw 21 Victor Erlich
Russischer Formalismus
Aus dem Englischen von Marlene Lohner
Mit einem Geleitwort von René Wellek
407 Seiten
»Erlichs Buch ist die einzige umfassende Darstellung des
russischen Formalismus in einer westlichen Sprache ... (es)
ist eine vorzügliche, authentische Studie über eine Gruppe
von Schriftstellern und ein zusammenhängendes Gedanken-
gebäude, die jedem Literaturwissenschaftler bekannt sein
sollte.« *René Wellek*

stw 96 Michel Foucault
Die Ordnung der Dinge
Eine Archäologie der Humanwissenschaften
Aus dem Französischen von Ulrich Köppen
480 Seiten
Foucault hat »Eine Archäologie der Humanwissenschaften«
vorgelegt, die die »Kontinuitäts-Illusion« (*W. Lepenies*) her-
kömmlicher Wissenschaftsgeschichten zerstören will. Der
Autor ist daran interessiert, epochenspezifische »Systeme
der Gleichzeitigkeit«, Analogien und Beziehungsgeflechte
zwischen den Disziplinen hervorzuarbeiten, um so zugleich
auch epochale Brüche und Unvereinbarkeiten aufdecken zu
können.

stw 39 Michel Foucault
Wahnsinn und Gesellschaft
Eine Geschichte des Wahns im Zeitalter der Vernunft
Aus dem Französischen von Ulrich Köppen
562 Seiten
Michel Foucault erzählt die Geschichte des Wahnsinns vom
16. bis zum 18. Jahrhundert. Er erzählt zugleich die Geschichte seines Gegenspielers, der Vernunft, denn er sieht
die beiden als Paar, das sich nicht trennen läßt. Der Wahn
ist für ihn weniger eine Krankheit als eine andere Art
von Erkenntnis, eine Gegenvernunft, die ihre eigene Sprache
hat oder besser: ihr eigenes Schweigen.

stw 160 Hans G. Furth
Intelligenz und Erkennen
Die Grundlagen der genetischen Erkenntnistheorie Piagets
Übersetzt von Friedhelm Herborth
384 Seiten
Hans G. Furth hat den ersten Versuch einer systematischen
Darstellung der Theorie Piagets unternommen, und er hat,
wie Piaget selbst es formuliert, »diese Aufgabe außer-
ordentlich erfolgreich gelöst«. Piaget zwingt zu einer Re-
volution unserer Anschauungen, wie es außer ihm in der
Neuzeit nur Kopernikus, Darwin und Freud getan haben.

stw 52 Karl Griewank
Der neuzeitliche Revolutionsbegriff
Entstehung und Entwicklung
Aus dem Nachlaß herausgegeben von
Ingeborg Horn-Staiger
Mit einem Nachwort von Hermann Heimpel
271 Seiten
Karl Griewank war der erste Historiker, der den spezifi-
schen Revolutionsbegriff der Neuzeit herausgearbeitet hat.
Es geht ihm dabei nicht um eine Begriffsbestimmung, son-
dern um die Geschichte des Revolutionsverständnisses seit
dem Beginn der sogenannten Neuzeit im Bewußtsein der
Beteiligten und historischen Beobachter.

stw 1 Jürgen Habermas
Erkenntnis und Interesse
Mit einem neuen Nachwort
420 Seiten
Einzig als Gesellschaftstheorie ist radikale Erkenntniskritik
möglich, heißt die Grundthese von Habermas. Damit greift
er nicht nur in die an Methodenfragen orientierte Positivis-
mus-Diskussion ein, sondern auch in die auf Praxis gerich-
tete politische Diskussion.

stw 8 G. W. F. Hegel
Phänomenologie des Geistes
622 Seiten
Die Phänomenologie ist »ein Werk, das im philosophischen
Schrifttum nicht seinesgleichen hat, vielsträhnig und zentral,
dithyrambisch und streng geordnet zugleich. Nirgends kann
genauer gesehen werden, was großer Gedanke im Aufgang
ist, und nirgends ist sein Lauf bereits vollständiger«.

Ernst Bloch

stw 9 *Materialien zu Hegels ›Phänomenologie des Geistes‹*
Herausgegeben von Hans Friedrich Fulda
und Dieter Henrich
445 Seiten
Die hier zusammengestellten Aufsätze zu Hegels Phänomenologie wollen dem Leser die Irrwege, Umwege und
Holzwege ersparen, auf die andere in ihrem Bemühen, sich
dieses »dunkelste und tiefsinnigste« Werk Hegels (Ernst
Bloch) zugänglich zu machen, geraten sind.

stw 88/89 *Materialien zu Hegels Rechtsphilosophie*
Herausgegeben von Manfred Riedel
448 Seiten (Band 1)
480 Seiten (Band 2)
Die vorliegende Auswahl von *Materialien zu Hegels
Rechtsphilosophie* ist für Studienzwecke konzipiert und
will, der äußeren Gliederung in zwei Bände entsprechend,
einem doppelten Bedürfnis gegenwärtiger Hegel-Forschung
genügen. In ihrem *ersten* Band enthält sie Rezensionen,
Kritiken und Abhandlungen, die teils zu Hegels Lebzei-
ten, teils in den ereignisschweren Jahrzehnten des Auf-
stiegs und Niedergangs seiner Philosophie (1830–1860)
publiziert wurden. Es handelt sich überwiegend um Texte,
die den *historischen Kontext* der Rechtsphilosophie erhellen.
Der zweite Band enthält Texte, die den *systematischen
Kontext* der Rechtsphilosophie erschließen. Um Übersicht
und Studium zu erleichtern, folgt ihre Auswahl und Anordnung in etwa dem systematischen Grundriß der Rechtsphilosophie. Die Schwerpunkte gegenwärtiger Forschung
sollten dokumentiert, ihre Lücken (z. B. das Fehlen brauch-
barer Beiträge zu logisch-methodologischen Problemen)
mitnotiert werden.

stw 69 Anthony Kenny
Wittgenstein
Aus dem Englischen von Hermann Vetter
270 Seiten
Das vorliegende Buch ist eines der ersten, das das umfang-
reiche Œuvre Wittgensteins als Ganzes darstellt; sein Wert
liegt nicht zuletzt darin, daß es sich ausführlich mit den
erst kürzlich publizierten Werken aus Wittgensteins mitt-
lerer Zeit befaßt: mit den *Philosophischen Bemerkungen*
und der *Philosophischen Grammatik*.

stw 36 Reinhart Koselleck
Kritik und Krise
Ein Beitrag zur Pathogenese der bürgerlichen Welt
248 Seiten
Die Frage nach dem Zusammenhang von Kritik und Krise
ist geschichtlich und aktuell zugleich. Die Untersuchung
umspannt den Zeitraum von den religiösen Bürgerkriegen
bis zur Französischen Revolution. Die hypokritischen Züge
der Aufklärung werden begriffsgeschichtlich und ideologie-
kritisch herausgearbeitet. Dabei stoßen wir auf die politischen Grenzen der Aufklärung, die ihr Ziel verfehlt, sobald
sie zur reinen Utopie gerinnt.

stw 25 Thomas S. Kuhn
Die Struktur wissenschaftlicher Revolutionen
Aus dem Amerikanischen von Kurt Simon
227 Seiten
Fortschritt in der Wissenschaft – das ist Kuhns These –
vollzieht sich nicht durch kontinuierliche Veränderung,
sondern durch revolutionäre Prozesse: Ein bisher geltendes
Erklärungsmodell wird verworfen und durch ein anderes
ersetzt. Diesen Vorgang bezeichnet sein berühmt gewordener Terminus »Paradigmenwechsel«.

stw 70 Friedrich Albert Lange
*Geschichte des Materialismus und Kritik seiner Bedeutung
in der Gegenwart*
Herausgegeben und eingeleitet von Alfred Schmidt
2 Bände. 1018 Seiten
Langes *Geschichte des Materialismus* ist entstanden im Ge-
genzug zu einem sich ausbreitenden, krude mechanistischen,
vulgären Materialismus (»Der Mensch ist, was er ißt«);
sie ist daher in ihrer Darstellung gleichzeitig Kritik
des Materialismus: Der Materialismus sei zwar die einzig
legitime Methode der Naturwissenschaften, aber aufgrund
des Kantschen kritischen Unternehmens für Metaphysik
und Erkenntnistheorie abzulehnen. Auch wenn Lange nicht
rein geisteswissenschaftlich vorgeht – er stellt z. B. eine
Beziehung zwischen Sklaverei und Religion in der Antike
her –, so trennt ihn von Marx und Engels doch, daß
deren primäres Interesse am Materialismus auf den Menschen, die Gesellschaft und die Geschichte zielt.

stw 7 J. Laplanche – J.-B. Pontalis
Das Vokabular der Psychoanalyse
Aus dem Französischen von Emma Moersch
2 Bände. 652 Seiten
Dieses Vokabular ist nicht nur ein Wörterbuch. Hier wird
eine Theorie, die unser aller Denken verändert hat, von
ihrer Sprache her erforscht. Damit ist dem Fachmann wie
dem Laien ein Arbeitsinstrument zur Verfügung gestellt,
das bisher fehlte.

stw 14 Claude Lévi-Strauss
Das wilde Denken
334 Seiten
Aus dem Französischen von Hans Neumann
Thema dieses inzwischen berühmt gewordenen Werkes ist
das Denken in seinem »wilden Zustand«, das in jedem
Menschen, ob zeitgenössisch oder vorgeschichtlich, wirksam
ist als ein Element der nichtkultivierten und nicht domesti-
zierten Geistestätigkeit.

stw 73 Paul Lorenzen
Methodisches Denken
162 Seiten
Der vorliegende Band enthält Arbeiten zu Problemen der
Logik, Mathematik und mathematischen Naturwissenschaft.
In diesen Beiträgen geht es nicht um einzelwissenschaftliche
Theorien, sondern um Grundlagen, Grundbegriffe und Be-
gründungsprobleme von Wissenschaft selbst. Lorenzen ist
der Ansicht, daß auch die Grundlegung exakter Wissenschaft im Kontext gesellschaftlicher Zusammenhänge zu
sehen ist und erschüttert damit die These von einer möglichen wertfreien Wissenschaft.

stw 93 Paul Lorenzen
Konstruktive Wissenschaftstheorie
240 Seiten
Für Lorenzen ist die Wissenschaftstheorie eine Grundwis-
senschaft, die »Fach«-Wissenschaften begründet, und nicht
ein Fach neben anderen Wissenschaften. Eine solche Wissenschaft muß in allen Schritten kontrollierbar sein und
darf »praktische« Fragen, d. h. solche nach den Zwecken
von Wissenschaft nicht ausschließen. Die hier vereinigten,
größtenteils unveröffentlichten Aufsätze von Paul Loren-

zen, des Gründers der »Erlanger Schule«, sind Beiträge zur allgemeinen Wissenschaftstheorie und zur konstruktiven Begründung der Mathematik, speziell der Wahrscheinlichkeitstheorie.

stw 31 Alfred Lorenzer
Sprachzerstörung und Rekonstruktion
Vorarbeiten zu einer Metatheorie der Psychoanalyse
248 Seiten
Lorenzers Versuch einer wissenschaftstheoretischen Bestimmung des psychoanalytischen Vorgehens nimmt seinen Ausgang von dem alten Gegensatz von »Erklären« und »Verstehen«. Aus der Untersuchung der psychoanalytischen Operationsschritte wird eine Metatheorie entwickelt, die die Züge einer Sprachanalyse annimmt: Neurose erweist sich als »Sprachzerstörung« und die psychoanalytische Therapie als Rekonstruktion von Sprache.

stw 12 Niklas Luhmann
Zweckbegriff und Systemrationalität
Über die Funktion von Zwecken in sozialen Systemen
390 Seiten
Mit seinem Entwurf einer Systemtheorie erneuert Luhmann den von der gegenwärtigen Soziologie vernachlässigten Versuch, Gesellschaft im ganzen zu begreifen. Er untersucht die Funktion der Zweckorientierung in sozialen Systemen und bestimmt sie als Reduktion von Komplexität, als Vereinfachung, die das System handlungsfähig macht.

stw 41 C. B. Macpherson
Die politische Theorie des Besitzindividualismus
Von Hobbes bis Locke
Aus dem Englischen von Arno Wittekind
348 Seiten
Macphersons Untersuchung gilt dem Problem einer gesicherten theoretischen Grundlage für den liberal-demokratischen Staat. Als gemeinsame Voraussetzung der englischen politischen Theorie von Hobbes bis Locke erkennt er einen auf Besitz gegründeten und am Besitz orientierten Individualismus.

stw 28 George Herbert Mead
Geist, Identität und Gesellschaft
Mit einer Einleitung von Charles W. Morris
Aus dem Amerikanischen von Ulf Pacher
456 Seiten

Mind, Self and Society ist *der* Klassiker der Sozialpsychologie. Das postum aus Vorlesungsnachschriften veröffentlichte Werk verschmilzt »einen von einem moralischen Ethos idealistischer Vernunft beseelten Pragmatismus mit Evolutionismus und einem sozial interpretierten Behaviorismus«.   *Helmut Kuhn*

stw 54 Barrington Moore
Soziale Ursprünge von Diktatur und Demokratie
Die Rolle der Grundbesitzer und Bauern
bei der Entstehung der modernen Welt
Aus dem Amerikanischen von Gert H. Müller
635 Seiten
Moores Buch knüpft an die Tradition soziologischer Analysen von geschichtlichen Zusammenhängen an, in der die Soziologie von Marx bis Max Weber stand. Er versucht, die politische Rolle zu erklären, die landbesitzende Oberschicht und Bauernschaft bei der Umwandlung der Agrargesellschaften zu modernen Industriegesellschaften gespielt haben.

stw 27 Jean Piaget
Das moralische Urteil beim Kinde
Aus dem Französischen von Lucien Goldmann
463 Seiten
Piaget zeigt, welche Bedeutung in der Entwicklung des moralischen Urteils den gegenseitigen Beziehungen zwischen gleichgestellten Kindern, also dem Solidaritäts- und Verantwortungsbewußtsein, zukommt.

Alphabetisches Verzeichnis der suhrkamp taschenbücher wissenschaft